स्मृति, मति और प्रज्ञा

स्मृति, मति और प्रज्ञा

धर्मपाल से उदयन वाजपेयी की बातचीत

महात्मा गांधी अन्तरराष्ट्रीय हिन्दी विश्वविद्यालय

वाणी प्रकाशन

नयी दिल्ली-110002

फोन : 23273167, 23275710 • फैक्स : 3275710

e-mail : vani_prakashan@yahoo.com

vani_prakashan@mantraonline.com

वाणी प्रकाशन
21-ए, दरियागंज, नयी दिल्ली-110002
द्वारा प्रकाशित

प्रथम संस्करण : 2003

नागरी प्रिंटर्स, दिल्ली-110032
में मुद्रित

मूल्य : 75.00

SMRITI, MATI AUR PRAGYA
A Conversation with Dharmpal
by Udyan Vajpayee

स्मृति, मति और प्रज्ञा

धर्मपाल से उदयन वाजपेयी की बातचीत

महात्मा गांधी अन्तरराष्ट्रीय हिन्दी विश्वविद्यालय

वाणी प्रकाशन

नयी दिल्ली-110002

फोन : 23273167, 23275710 • फैक्स : 3275710

e-mail : vani_prakashan@yahoo.com

vani_prakashan@mantraonline.com

वाणी प्रकाशन
21-ए, दरियागंज, नयी दिल्ली-110002
द्वारा प्रकाशित

प्रथम संस्करण : 2003

नागरी प्रिंटर्स, दिल्ली-110032
में मुद्रित

मूल्य : 75.00

SMRITI, MATI AUR PRAGYA
A Conversation with Dharmpal
by Udyan Vajpayee

विश्वविद्यालय का वक्तव्य

आम तौर पर यह धारणा है कि विश्वविद्यालय स्तर पर हिंदी साहित्य, भाषा और संस्कृति का जो अध्ययन-अध्यापन होता है वह अधिकतर रूढ़िग्रस्त और उबाऊ हो गया है। महात्मा गांधी अन्तरराष्ट्रीय हिन्दी विश्वविद्यालय के प्राथमिक सरोकारों में से एक यह है कि पाठ्यक्रम, पाठ्यचर्या और पाठ्यसामग्री को एक नई शताब्दी की नई चुनौतियों और प्रश्नाकुलता के अनुरूप ताजातरीन करते हुए इस क्षेत्र में नए विकल्पों को खोजा, विकसित और विन्यस्त किया जाए। तभी यह विश्वविद्यालय हिंदी अध्ययन-अध्यापन और अनुसंधान के क्षेत्रों में कुछ ठोस, प्रासंगिक और कारगर विकल्प प्रस्तुत कर सकता है।

हमारे विश्वविद्यालय ने देश और विदेश के श्रेष्ठ विशेषज्ञों से विचार-विनियम कर इस दिशा में कुछ प्रयत्न करना शुरू किया है। हमारा लक्ष्य हिंदी साहित्य, भाषा और संस्कृति को उसकी समग्रता, जटिलता और बहुलता में आलोकित करते हुए उनके नए प्रश्नों, चिंताओं और उत्सुकताओं से दो-चार होने की अपार क्षमता और उसकी वर्तमान अनेक दिशाओं का इंगित करना भी है।

चूँकि नए किस्म का पाठ्यक्रम और पाठ्यचर्या के लिए नए किस्म की पाठ्यसामग्री अनिवार्य है, इस विश्वविद्यालय ने एक अपेक्षाकृत महात्त्वाकांक्षी प्रकाशन-योजना हाथ में ली है। यह पुस्तक उसी योजना का एक हिस्सा है।

इस प्रकाशन योजना में हिंदी के प्रमुख लेखकों के प्रतिनिधि संचयनों, विविध विषयों पर आधारित संकलनों, यथा प्रेम, प्रकृति, अध्यात्म, मृत्यु और अनुपस्थिति, समाज, नदी, ऋतु विषयक कविताओं के संकलनों के साथ-साथ ऐसे लेखकों के चयन भी प्रकाशित करने की योजना है जो साहित्य की तथाकथित मुख्यधारा में कतिपय कारणों से विशेष उल्लेख न पा सके किन्तु जिनकी रचनात्मकता से परिचित होने पर हिंदी साहित्य की समझ समृद्ध ही होगी।

इनके साथ ही अनेक विशिष्ट प्रकाशनों की योजना है। बीसवीं सदी के उत्तरार्ध की हिंदी-कुल की भाषाओं (भोजपुरी, अवधी, बुंदेलखंडी, मालवी, आदि) की कविताओं का संचयन, हिंदी के आरंभिक गद्य का संचयन, मध्यकालीन काव्य का संचयन,

सूफी-काव्य का संचयन, बीसवीं सदी के उत्तरार्ध की हिंदी कथा, कविता, आलोचना आदि के चयन, महत्वपूर्ण लेखकों और कृतियों के द्विभाषी संस्करण (हिंदी-उर्दू, हिंदी-अंग्रेजी, हिंदी-पोलिश, आदि) तैयार किए जा रहे हैं।

इस प्रकाशन योजना की एक विशेषता यह है कि इसके निर्माण में लोकतांत्रिक और पारदर्शी प्रक्रिया अपनाई गई है। अपने अपने क्षेत्र के विशेषज्ञों की समितियों ने प्रकाशनयोग्य सामग्री के साथ-साथ संपादकों का चुनाव भी किया है। निश्चय ही पुस्तकों में उनकी अपनी दृष्टि तो झलकती है, उसके साथ ही वे एक सामूहिक विवेकसम्मत प्रक्रिया का परिणाम भी हैं। इन्हें तैयार करते समय इस बात का ध्यान तो रखा ही गया है कि इस सामग्री का उपयोग भारत के बाहर उन केंदों में भी किया जाना है जहाँ हिंदी पढ़ाई जा रही है। यदि ये पुस्तकें सामान्य पाठकों के अतिरिक्त हिंदी के छात्रों और शिक्षकों के लिए उपयोगी सिद्ध हुईं तो हमें संतोष होगा।

–अशोक वाजपेयी
कुलपति

पवन कुमार गुप्ता
एवं
अनुरोधा जोशी
के लिए

भूमिका

धर्मपाल जी ऐसे अध्येता हैं जैसे हमारे समय में दुर्लभ होते जा रहे हैं। उन्होंने यह तय किया कि वे उन शर्तों पर अपने देश को समझने की कोशिश नहीं करेंगे जिन शर्तों पर बाहरी शक्तियों ने भारतीयों से कहा कि तुम्हें अपने देश को समझना चाहिए। ऐसी क्या जरूरत बाहरी शक्तियों को आ पड़ी कि वे भारतीयों से कहें कि तुम्हें अपने देश को इन-इन शर्तों पर समझना चाहिए? इसका उत्तर धर्मपाल जी के उन वाक्यों में मिल सकता है जो इस पुस्तक के अन्त में आ रहे हैं :

> *मैक्समूलर से ब्रितानी प्रधानमंत्री ग्लैडस्टोन ने १८७० ईस्वी के करीब पूछा कि क्या कर रहे हो। तो उन्होंने ग्लैडस्टोन को चिट्ठी लिखी कि जो लोग ईसा से २००० साल पहले बिछड़ गये थे, उन्हें मैं ईसा के दो हजार बरस बाद इकट्ठा ला रहा हूँ। बस आधार तर्क तैयार हो गया। अब वे इकट्ठा होते हों या न होते हों, आपको तो करना ही है।*

धर्मपाल जी के इन वाक्यों में पूरे ब्रितानी राज की रणनीति का खुलासा है। वह रणनीति है विभाजन की। 'आर्य बनाम द्रविड़' का पूरा

खेल ही यही था कि (१) 'आर्य' को एक नस्ल के रूप में स्थापित किया जाय ताकि एक भारतीय 'मूल निवासी और पराजित नस्ल का' बन जाय और एक भारतीय 'आगन्तुक निवासी और विजेता नस्ल का बन जाय' और इस प्रकार उपनिवेश बनाने वाले और उपनिवेश बनने वाले के बीच एक झगड़ा हमेशा बना रहे, और (२) 'आर्य' का मूलस्थान यूरोप मान लिया जाय ताकि यूरोपीय शासक की श्रेष्ठता तत्कालीन और उत्तरकालीन समय में भारतीय स्वीकार करते रहें, 'क्योंकि वे वही हैं जो हम थे' और इस प्रकार 'हम वही बनें जो वे हैं' का लक्ष्य आत्मगौरव की भी शर्त बन जाये।

इन दोनों उद्देश्यों की पूर्ति में यूरोपीय शासक पूरी तरह सफल रहे। आज गाँधी के भारत को समझने में, धर्मपाल जी के भारत को परखने में सबसे बड़ी बाधा वह भारतीय है जो 'आर्य बनाम द्रविड़', 'ब्राह्मण बनाम शूद्र', संस्कृत बनाम हिंदी', 'हिंदी बनाम उर्दू', 'परम्परा बनाम आधुनिकता' जैसे मुक़दमों से आगे भारत की कोई समझ बनाने में असमर्थ है, जिसे अपने साहित्य के आकर ग्रन्थों से उतनी ही अरुचि है जितनी नानी-दादी की कहानियों से और जो 'मुख्य धारा' तथा 'दूसरी परम्परा' की शब्दावली का जाल बुनता हुआ प्रत्येक भारतीय को उसमें फाँस कर नदी की समझ से उसे इतनी दूर ले जाना चाहता है कि वह पूरी तौर पर यह भूल जाय कि नदी, नदियों और नालों से मिल कर अपना प्रवाह निर्धारित करती है, उनसे अलग हो कर नहीं।

ये देश केवल मुक़दमों का देश बना रहे इसमें जितनी दिलचस्पी यूरोपीय शासक को थी उससे कुछ अधिक ही उनकी है जिन्हें अंग्रेजी में chatterati कहा जाता है और जो इस ताक में रहते हैं कि यह देश 'जाति, गाय और कढ़ी के (= Caste, Cow, and Curry) के अलावा

किसी और तरह से न पहचाना जा सके, जिनकी सम्पूर्ण ऊर्जा इसकी तलाश में लगती है कि उस बुनियादी शर्त को, जिसको धर्मपाल जी के उल्लिखित वाक्यों में इस तरह प्रकट समझा दिया गया है, कितने नये कपड़े पहनाये जा सकते हैं, कितने शास्त्राभास गढ़े जा सकते हैं जो इस बुनियादी शर्त के बदलते लिबासों को उसके बदन पर टिकाये रख सकें, और किस तरह इस बुनियादी शर्त का रसोईघर से ले कर पूजामण्डप तक पर चल रहा कब्ज़ा मौरूसी हक़ में तबदील करवाया जा सके।

ये chatterati ही स्वतन्त्रता प्राप्ति से ले कर अब तक इस देश की बौद्धिक दिशा, इस देश की अर्थनीति, इस देश की समाज-रचना और इस देश की अध्यात्म-चेतना का निर्धारण करने में लगे हुए हैं। वे इस देश को 'इकठ्ठा कर रहे है, जैसे जलाने के पहले कूड़ा बटोरा जाता है वैसे ही।

अब वे इकट्ठा होते हों या न होते हों, आपको तो करना ही है।

भारतीयों को बताया गया कि यह उनका इतिहास है, यह उनका समाज है, प्राचीन विश्व के इन इन देशों और प्राचीन मनुष्य-समाज की इन नस्लों से उनका सम्बन्ध रहा है। उन्हें बताया गया कि राष्ट्रों में केवल आक्रांता और आक्रान्त का सम्बन्ध होता है, कि प्रौद्योगिकी और परिवेश में केवल विनाशक और विनष्ट का सम्बन्ध होता है, कि देव और मनुष्य में केवल शास्ता और शासित का सम्बन्ध होता है, कि भविष्य और वर्तमान तथा अतीत में केवल विस्मरण और विस्मृत का सम्बन्ध होता है, कि समकालीनों और पूर्वकालीनों में केवल निन्दक और निन्दित का सम्बन्ध होता है। उन्हें बताया गया कि उन्हें अपना खान-पान कैसा रखना चाहिए, अपने घर कैसे बनाने चाहिये, अपने पारिवारिक सम्बन्ध किन

बुनियादों पर रखने चाहिए। उन्हें बताया गया कि उन्हें अपना समाज कैसा बनाना चाहिए, अपना प्रशासन कैसे चलाना चाहिए, अपनी उत्पादन-व्यवस्था कैसी बनानी चाहिए, उपभोग और संयम की परिभाषाएँ क्या हैं, सज्जनता और दुर्जनता के विधि-निषेध क्या हैं। साहित्य क्या है, कला क्या है, ग्रन्थों को कैसे पढ़ना चाहिए, चित्र कैसे बनाना और कैसे देखना चाहिए, यह सब उन्हें बताया गया। नृत्य को मन्दिर से बाहर खींच कर आडिटोरियम में ले जाना सिखाया गया।

इन सब सीखों को सिखाने के सिलसिले में सबसे महत्वपूर्ण यह सिखाना था कि भूलो। यह समझने की कोशिश मत करो कि तुम आपस में किस तरह रहते रहे हो क्योंकि हम तुम्हें बता रहे हैं कि तुम ऐसे रहते चले आये हो। हम तुम्हें बता रहे हैं कि तुम्हारा इन-इन लोगों से झगड़ा रहा है, इन-इन लोगों ने तुम पर अत्याचार किये हैं, इन-इन लोगों पर तुमने अत्याचार किया है। इनसे तुम्हारा प्रेम रहा है, इनसे द्वेष, तुम यह पहनते और यह खाते रहे हो। तुम्हारी स्त्रियाँ ये रही हैं, तुम्हारे पुरुष ये रहे हैं। तुम्हारे बच्चे ये रहे हैं, तुम्हारे माँ-बाप ये रहे हैं। तुम्हारे देवता इन इन चीज़ों के प्रतीक रहे हैं, तुम देव-पूजा इसलिए करते रहे हो और ईश-निन्दा की तुम्हारी यह परिभाषा है। पवित्र और अपवित्र की तुम्हारी यह अवधारणा है। तुम्हारे आकर-ग्रन्थों में यह लिखा है, तुम्हारे 'साहित्यिक ग्रंथ' ये हैं, और 'धार्मिक ग्रन्थ' ये। तुम जिस पत्थर को पूजते हो वह यह रहा और जिस नदी को माँ कहते हो उसका पानी यह है।

अपनी ही शर्तों पर विचार का आग्रह धर्मपाल जी ने महात्मा गाँधी से लिया है। इसका एक सशक्त निदर्शन नीचे दिये गये इस प्रसंग में मिलता है; यह प्रासंगिक है कि यहाँ धर्मपाल जी ने महात्मा गाँधी से लिये गये एक इंटरव्यू का ज़िक्र किया है जो मैनचेस्टर गार्जियन में

१९३१ में छपा। मोटे तौर पर धर्मपाल जी की सूचना के अनुसार महात्मा गांधी का कहना यह है कि यदि हम हिंदू मुसलमान इस तरह भी लड़ पड़ते हैं कि एक समुदाय नष्ट हो जाय तो भी यह हमारा निजी मामला है और इसमें अंग्रेजों को यह कहने की जरूरत नहीं कि आपको अंग्रेजी फौज रखनी पड़ेगी यदि आप ऐसे संकट से बचना चाहते हैं। धर्मपाल जी ने इसका यह अर्थ लगाया है कि गाँधी जी को यह अनुमान नहीं था कि इस प्रकार की लड़ाई में कितना घिनौनापन है; यह भी कि अंग्रेजों को था और उन्होंने इसके लिये पूरी कोशिश की।

धर्मपाल जी ने जो निष्कर्ष निकाला उससे भिन्न निष्कर्ष निकालना भी सम्भव है। भारत में हिंदू मुसलमान लड़ते भी रहे हैं और साथ भी रहते आये हैं। ये साथ नहीं रह सकते, यह विचार निश्चय ही अंग्रेजों की देन है। इसका कारण भी है। सभ्यता का जो रूप यूरोप ने प्रस्तुत किया उसमें साथ रहना सम्भव ही नहीं है। यूरोपीय सभ्यता का एक शहर बसता है जिसमें जंगली जानवर की जगह नहीं है और उसके आगे एक जंगल कहीं दीखता है जो यूरोपीय सभ्यता का एक नया शहर बनने का इन्तिज़ार कर रहा होता है। इसलिए उसमें ऐसा भूगोल ही सम्भव नहीं, जिसमें उदाहरण के लिए, वनवासी की कोई जगह हो। यह आस्ट्रेलिया से ले कर अमरीका तक देखा जा सकता है। भारत थोड़ा भिन्न रहा, यहाँ शहर और जंगल में वैसा द्वेष नहीं रहा। हर शहरी को बचपन में पढ़ने के लिए और फिर बुढ़ापा आने पर ब्रह्म-चिन्तन के लिए, जंगल में जाना ही था। इसलिए जो हम हैं उसके अलावा कुछ और भी हैं की समझ यहाँ शुरु से थी जो अभी भी पूरी तरह गायब नहीं हुई है। हो सकता है, गाँधी जी का यह मानना रहा हो कि यह अंग्रेज जिस लड़ाई की बात कर रहा है वह उसकी अपनी सभ्यता के भीतर के सोच की उपज है और

भारत में ऐसी लड़ाई होगी ही नहीं अगर भारतीयों को अपनी सभ्यता के अनुसार रहने दिया गया। इसका यह अर्थ तो नहीं है कि ऐसा हो नहीं सकता किन्तु इसका यह अर्थ अवश्य है कि ऐसा अभी तक भारत में हुआ नहीं है जबकि यूरोप और उसके विस्तारों में अभी तक यही होता रहा है।

भारत-विभाजन से सम्बन्धित बहुत सी बातें अभी तक चर्चा में नहीं आयी हैं। अंग्रेजों ने निश्चय ही यह कहा होगा कि मुसलमान हिंदू साथ नहीं रह सकते किन्तु क्या यह भी उन्होंने ही सुझाया था कि जिस जमीन में पुरखों की हड्डियाँ गड़ी थीं वह नापाक है और नये वतन का नाम 'पाकिस्तान' होना चाहिए?

धर्मपाल जी से शतप्रतिशत सहमति मेरी नहीं है। मेरे देखने में उनकी बातों में एक बड़ी ख़ामी यह है कि उन्होंने हमारे दो आकर ग्रन्थों महाभारत और रामायण, का उतना भी अध्ययन नहीं किया जितना उनसे कम पढ़े-लिखे और कम चिन्तनशील भारतीय करते हैं। मैं उदाहरण देता हूँ :

> *वो लड़ाई नही बन्द कर देंगे। जैसे अर्जुन रोने लगा है न, वो नही होगा और अन्ततः अर्जुन को भी तो रोने नही दिया गया न...श्रीकृष्ण जैसे जो लोग हैं, वे यूरोप को चलाते हैं। ये बात अलग है कि श्रीकृष्ण जो बनाना चाहते है वो दूसरी तरह का है और जो यूरोप वाले बनाना चाहते है वो दूसरी तरह का है* ***लेकिन जो ध्यान का रूप है न वो एक ही तरह का है।***

मोटे टाइप में लिखे गये उद्धरणांश को देखते ही मेरी आपत्ति क्या है वह प्रकट हो जायेगी। धर्मपाल जी यह कह रहे हैं कि यूरोपीय तन्त्र

वही है जो श्रीकृष्ण की गीता में उपदिष्ट तन्त्र है। वे यह कह रहे हैं कि अर्जुन युद्ध-विरोधी है जबकि श्रीकृष्ण का उपदेश युद्ध-समर्थक है।

मैं धर्मपाल जी के इस कथन को निम्नलिखित उद्धरण से अलग कर नहीं पा रहा हूँ:

> *भगवद् गीता ऐसी भली पुस्तक नहीं है जैसा कि बहुत से अमरीकी सोचते हैं...पूरे महाभारत में कृष्ण मनुष्यों को युद्ध जैसे हर तरह के हत्यारे और आत्म-विनाशी आचरणों में उकसाते-ढकेलते रहते हैं...गीता एक बेईमान किताब है...*[1]

वस्तुतः धर्मपाल जी भी अर्जुन के रोने को युद्ध-विरोधी मान रहे हैं, जबकि अर्जुन का 'विषाद-योग' इस कारण से है कि वह अपने को युद्ध का कर्ता मान रहा है और जानना चाहता है कि क्या राज्य के लिए लड़ाई में अपने ही रिश्तेदारों को मारना उसके ठीक है। श्रीकृष्ण ने तो कहीं यह नहीं कहा कि अर्जुन को राज्य के लिए लड़ाई में अपने ही रिश्तेदारों को मारना चाहिए। उन्होंने यह बताया कि अर्जुन की दोनों मूल कल्पनाएँ (१) वह युद्ध का कर्ता है, और (२) उसे युद्ध का कोई फल मिलना है, गलत हैं। यदि श्रीकृष्ण ने गीता में सिर्फ़ इतना ही कहा है कि अपना हक़ हासिल करने के लिए लड़ाई से परहेज नहीं करना चाहिए और 'श्रीकृष्ण जैसे जो लोग हैं, वे यूरोप को चलाते हैं,' तो फिर हमें यह भी जानने का अधिकार

---

1. "The Bhagavad Gita is not as nice a book as some Americans think...Throughout the Mahabharata...Krishna goads human beings into all sorts of murderous and self-destructive behaviours such as war...The Gita is a dishnoest book..."

—Wendy Doniger
Professor of History of Religious, University of Chicago
quoted in *Philadelphia eEnquirer, 19 November 2000*
based on www.sulekhs.com/columnsap?cid=243505

है कि धर्मपाल जी किस आधार पर यूरोपीय शिक्षा का विरोध करते हैं क्योंकि भारत में अंग्रेजों के आने से हज़ारों साल पहले से यह माना जाता रहा है कि 'श्रीकृष्ण जैसे जो लोग हैं, वे भारत को चलाते हैं'; किसी भारतीय चिन्तक ने, चाहे वे शंकराचार्य हों, चाहे पीपल की जड़ में एक लोटा जल के भरोसे धर्म कमाने वाला ग्रामीण कभी गीता को इस रूप में नहीं समझा कि वह मौरूसी जायदाद हासिल करने के लिए फौजदारी करना सिखाने वाली किताब है।

धर्मपाल जी के लिए उचित था कि वे Wendy Doniger जैसों के गवाह बनने के पहले यह जानने की कोशिश करते कि यदि किसी भारतीय ने कभी गीता को इस रूप में नहीं समझा कि वह मौरूसी जायदाद हासिल करने के लिए फौजदारी करना सिखाने वाली किताब है तो इस समझ में क्या कमी थी जिसे धर्मपाल जी पूरा करना चाहते हैं।

धर्मपाल जी 'रामायण' को भी यों ही पढ़ते हैं :

जब आप एक बड़ा कहानी का एक बड़ा संस्करण पढ़ लेते हैं तो उसके दूसरे संस्करण खोजने नही जाते।

रामायण को ले कर मुझसे एक सज्जन ने कहा कि कम्बन रामायण में तो राम और सीता की अच्छी-खासी लड़ाई है। जब सीता लंका से वापस आती हैं तब लड़ाई है। तब राम कहते हैं कि तुम मर क्यों नही गयी थी जब पैदा हुई थी और तुम्हारे लिए मैंने यह सब नही किया है। अपने कुल के लिए किया है। वो कह रही है कि तुम कैसे गँवार आदमी की तरह बात कर रहे हो। बाद में मैंने कुछ अन्य लोगों से कहा तो माने नही कि ऐसा कुछ है, ऐसा तो हो नही सकता। और मैं अध्येताओं की बात कर रहा हूँ।

फिर माना लेकिन मुश्किल होता है। इतने दिनों से एक तरह की रामायण को मान रहे हैं। एक तस्वीर सामने है। कैसे इतनी जल्दी बदल दें?

मुझे आश्चर्य है। धर्मपाल जी किन लोगों से मिले? मेरा ख्याल है केवल 'अध्येताओं' से, क्योंकि अज्ञान की ऐसी पराकाष्ठा केवल 'अध्येताओं' में ही पायी जाती है। वाल्मीकि की लिखी 'रामायण' में, जो सारी रामायणों का आधार है और जिसके पढ़ने वालों और जिसकी कथा सुनने वालों की संख्या भारत में कभी नगण्य नहीं रही है, जिसका अनुवाद सभी भारतीय भाषाओं में उपलब्ध है, इस प्रसंग की ये सारी बातें तफ़सील से दी हुई हैं जिनके बारे में यह सुन कर कि वे कम्बन रामायण में दी हुई हैं धर्मपाल जी 'अध्येताओं' को बड़ी मुश्किल से मना पाये कि वे दी हुई हैं।

धर्मपाल जी को इस तरफ़ ध्यान देना चाहिए था कि न केवल ऐसा नहीं है कि भारतीय 'इतने दिनों से एक तरह की रामायण को मान रहे हैं', न केवल भारत में कभी यह मुश्किल नहीं रही है कि 'एक तस्वीर सामने है। कैसे इतनी जल्दी बदल दें?' अपितु हर भाषा और हर बोली में, हर सामाजिक उपवर्ग में, हर पन्थ में, हर जगह की स्त्री-कथाओं में, हर जगह के लोकगीतों में, एक अपनी रामायण है और यह जो 'एक तस्वीर सामने हैं' निरन्तर और निर्बाध बदली जाती है।

'अध्येताओं' के बीच उठने-बैठने का जो नुक़सान धर्मपाल जी को हुआ है उसकी ओर इशारा करना ही यहाँ मेरा उद्देश्य है।

हमें इस किताब को पढ़ते समय धर्मपाल जी के उत्तरों के साथ उदयन के प्रश्नों को ध्यान में रखना होगा। ये प्रश्न केवल उन उत्तरों के जनक ही नहीं है, एक अधिक व्यापक और अधिक समावेशी संवाद की

आधारभित्ति हैं। धर्मपाल जी की वरिष्ठता, उनकी मौलिक विचारशीलता के प्रति पूरे सम्मान से पूछे गये इन प्रश्नों को हमें समकालीन हिन्दी आलोचकों से 'इंटरव्यू' के आधार पर गढ़े जा रहे विपुल अपसाहित्य के सामने, टेलीविजन पर एक मिली कुश्ती का नजारा पेश करने वाली 'बातचीतों' के सामने, और उग्र पत्रकारिता के उन वीभत्स नमूनों के सामने रखना पड़ेगा जो कुछ जानकारी लेने की जगह 'खिंचाई' का खेल दिखाने में अपनी सफलता मानते हैं।

उदयन ने अपने सवालों में 'परा विद्या', 'अपरा विद्या' जैसी बातें उठायी हैं। मुझे नहीं लगता कि धर्मपाल जी ने इसका कोई उत्तर इस इंटरव्यू में दिया। इस्लाम और ईसाइयत ने हिंदुस्तान में किस हद तक एक तरह की और किस हद तक अलग तरह की राजनीतिक या सामाजिक इंजीनियरिंग की इस पर भी बहुत बात नहीं हो पायी।

लेकिन जितनी भी बात हुई है वह अलग तरह की है उसमें सीखने को बहुत है, सोचने को बहुत है। अगर हमारे साक्षर वर्ग को सीखने और सोचने की ओर यह किताब कुछ बढ़ा सके, अगर इसके नाते थोड़ी विनम्रता हममें बढ़े, अगर हम भारत में अपनों से कटने की बढ़ती प्रवृत्ति को कुछ धीमा कर पायें तो बहुत अच्छा होगा। धर्मपाल जी को गम्भीरता-पर्वूक पढ़ने से ये बातें सम्भव होगी लगती हैं।

वागीश शुक्ल

राष्ट्रीय आश्विन ३०, १९२४
(ईसवी २२ अक्टूबर २००२)

प्राक्कथन

वर्षों पहले किसी ने धर्मपाल जी का नाम लिया था। साथ में शायद यह कहा था कि उन्होंने भारतीय इतिहास में कुछ मूलभूत खोजें की हैं। लेकिन बस इतना ही। बाद के वर्षों में पता चला कि इतने में ही कितना कुछ छिपा था। यह नाम मेरे ज़हन में कहीं अटका रहा। फिर किन्हीं निबन्धों में कभी धर्मपाल जी का कोई उद्धरण आ जाता, कभी किसी बातचीत के टुकड़े पर उनके किसी विचार की छाया दिखायी दे जाती। जाने-अनजाने उनसे मेरा परिचय बढ़ रहा था। मेरी उनके प्रति उत्सुकता बढ़ रही थी। यह इसलिए भी था क्योंकि भारत के अतीत के विषय में जो बातें धर्मपाल जी के नाम से कही जाती थी, वे मुझे, पता नहीं क्यों, उन बातों की तुलना में कहीं अधिक विश्वसनीय जान पड़ती थी जो मैंने पाठ्य-पुस्तकों में पढ़ी थी या जिनका व्यवहार सामान्य बौद्धिक जीवन में होता आया था। इतिहास की जिन किन्हीं दृष्टियों या अवधारणाओं को हम बरत रहे हैं, वे हमें अपने ही चारों ओर फैले समाज से न सिर्फ अपरिचित बना रही है, बल्कि उनके कारण हम अनायास ही अपनी परम्परा और इतिहास से भी अजनबी होते जा रहे हैं। यह एहसास तीखा होता जा रहा था कि

हम अपनी परम्पराओं और इतिहास के भीतर नहीं, उनकी बाहरी सिलवटों में रह रहे हैं जहाँ से हमें अपनी परम्परा और इतिहास किन्हीं भूले हुए सपनों की तरह महसूस तो होते हैं लेकिन जो कोशिश करने पर भी याद नहीं आते। यह कैसी अजनबियत है जो हमें चारों ओर रहते लोगों और जीवन से कोसों दूर किये दे रही है? यहाँ यह कह दूँ कि यह उस अजनबियत की अनुभूति नहीं थी जो शायद मनुष्य के होने मात्र से जुड़ी होती है जिसे लेकर ही वह पृथ्वी पर आता है और जिससे पीछा छुड़ाने की कोशिश में ही वह तरह-तरह के कर्मों में मुब्तिला होता है और जिससे पूरी तरह पीछा छुड़ाने को ही किन्हीं परम्पराओं में शायद मोक्ष की अवस्था कहा गया है। यह दूसरे किस्म की अजनबियत थी, अपने चारों ओर बिखरे रीतिरिवाज़ों, अनुष्ठानों, लोक-व्यवहारों की बारीकियों व पारम्परिक साहित्य व कलाओं आदि का तल न छू पाने की बैचेनी से उपजी अजनबियत! दूसरे शब्दों में अपनी सभ्यता की विभिन्न 'भाषाओं' या संवाद-प्रणालियों की सारी *अर्थच्छटाओं* को न समझ पाने के एहसास से उपजी अजनबियत। शायद इस अजनबियत के रहते यह भावना बार-बार जागती कि अपने चारों ओर उपस्थित अन्तर्सम्बन्धों, भंगिमाओं, दृश्य-संकेतों व शब्दों से जिन आशयों को मैं ग्रहण कर पा रहा हूँ, उनसे कहीं अधिक और विस्तृत आशय उन संकेतों में स्पन्दित हो रहे हैं जिन्हें मैं चाह कर भी थाम नहीं पा रहा। मेरी इन 'मातृभाषाओं' में संग्रहीत व इनसे संकेतित साभ्यतिक स्मृति (और समझ) जैसे कहीं ओट हो गयी हो, जैसे कोई मेरी अपनी मातृभाषाओं को मेरे लिए पराया कर गया हो। संकेतन जाने-पहचाने लगते थे, उनके कोशीय अर्थ भी, लेकिन उनमें मेरे लिए उतनी चमक नहीं थी जो स्मृति के उन भूदृश्यों को आलोकित

कर सके जिन्हें अनुभव करने की चाहना ही हमें किन्हीं भी संकेतनों के करीब खींच ले जाती है। इस तरह मैं अपने ही देश में अपनी शिक्षा-दीक्षा के कारण लगभग विदेशी की तरह रह रहा था। उसे उत्सुकता से देखता, महसूस करता लेकिन उसमें फैली अधिसंख्य, अनेक स्तरीय भाषाओं को महज़ आधा अधूरा समझता।

इस स्थिति से जिन कुछ लेखकों या चिन्तकों ने किसी हद तक उबारा, उनमें धर्मपाल जी एक हैं। यह नहीं कह सकता है कि यह अजनबियत अब बिल्कुल समाप्त हो गयी है लेकिन धर्मपाल जी के काम के सम्पर्क में आने के बाद कम से कम मुझे अपनी इस दुःसाध्य अजनबियत के कारणों और उसके सम्भावित निराकरण का धुंधला ही सही, एक मार्ग अवश्य दिखायी दे रहा है। इस दृष्टि से सत्रहवीं, अठारहवीं और उन्नीसवीं शतियों के भारत में शिक्षा, विज्ञान, टैक्नोलॉजी व राजस्व व्यवस्था आदि की स्थिति पर धर्मपाल जी का काम आधुनिक भारतीय को अपनी साभ्यतिक विस्मृति से उभारने का महत्वपूर्ण प्रयास है। जब पहले-पहल उनके कुछ व्याख्यानों का संग्रह, *'अंग्रेजों से पहले का भारत'* पढ़ा, मैं दंग रह गया। उनकी वह पुस्तक भी उनकी अन्य पुस्तकों की तरह आँकड़ों और उन आँकड़ों के विश्लेषण की ठोस ज़मीन पर खड़ी थी। इसलिए उसे पढ़ना स्तब्ध रह जाना था। मसलन उसे पढ़ने पर मैंने यह पहली बार जाना कि अंग्रेजों के भारत आने के पहले बल्कि उनके भारत पर पूरी तरह प्रभुत्व कायम होने के पहले भारत के कोने-कोने में, गाँव-गाँव में न सिर्फ़ शिक्षा के पर्याप्त केन्द्र थे बल्कि उनमें जाने वाले छात्र-छात्राओं की अच्छी खासी संख्या थी। सन् १८२२-१८२५ में अंग्रेजों ने स्थानीय शैक्षिक व्यवस्था का जायजा लेने मद्रास

प्रेसीडेंसी में एक व्यापक सर्वेक्षण कराया था। उसके जो नतीज़े आये, जिन्हें धर्मपाल जी सामने लाये (जो हालाँकि अंग्रेज रिकार्डस में उपलब्ध थे लेकिन जिन्हें देखने और बारीकी से परखने की जहमत किसी और ने नहीं उठायी) वे चौंका देते हैं। इस सर्वेक्षण में पाया गया कि मद्रास प्रेसीडेंसी (जिसमें आज का पूरा तमिलनाडु और आन्ध्रप्रदेश व कर्नाटक और उड़ीसा के कुछ जिले आते थे) में ग्यारह हजार से अधिक स्कूल (जिन्हें पाठशाला, गुरूकुल और मदरसा नाम से जाना जाता था) थे और एक हजार से अधिक कॉलेज हैं और उनमें क्रमशः डेढ़ लाख और साढ़े पाँच हजार छात्र-छात्राएँ पढ़ते थे। यही नहीं इन स्कूलों-कॉलेजों में लगभग सभी जातियों के बच्चे पढ़ते थे। तमिल भाषी इलाकों में सत्तर से अस्सी प्रतिशत शूद्र या तथाकथित नीची जाति के छात्र-छात्राएँ पढ़ते थे जबकि उड़िया भाषी इलाकों में चौबीस प्रतिशत, मलयालम भाषी इलाकों के स्कूल कॉलेजों में चौवन प्रतिशत और तेलुगु भाषी इलाकों में पैंतीस से पचास प्रतिशत तक शूद्र या तथाकथित नीची जाति के छात्र-छात्राएँ पढ़ते थे। तब के मद्रास के गर्वनर का मानना था कि इन स्कूलों में स्कूल जाने योग्य लड़कों का पच्चीस प्रतिशत पढ़ता है और खासी बड़ी संख्या में छात्र-छात्राएँ, विशेषकर छात्राएँ, घर में शिक्षा पाते हैं। इसी तरह धर्मपाल जी लगभग पहली बार सन् १८३६ और सन् १८३८ में बिहार और बंगाल में शिक्षा की स्थिति पर तैयार विख्यात एडम्स रिपोर्ट को सामने लाये जिसके अनुसार बिहार और बंगाल में १८३६ और १८३८ के दौरान लगभग हर गाँव में स्कूल था। इस क्षेत्र के डेढ़ लाख गाँवों में लगभग एक लाख स्कूल थे। यह उन दिनों कोई नयी बात नहीं थी। विलियम एडम से पहले टामस मुनरो ने भी कहा था कि भारत के हर गाँव में पढ़ने-लिखने और

अंकगणित सीखने के स्कूल हैं और इसे वे भारतीय सभ्यता के उच्च स्तरीय होने के लक्षण के रूप में देखते थे। धर्मपाल जी ने अंग्रेजों के पहले की स्थिति पर स्वयं अंग्रेजों के सर्वेक्षणों, लेखों, रिपोर्टों आदि को भारत के कई केन्द्रों और लन्दन की विभिन्न भारत-सम्बन्धी संस्थाओं से खासी मुश्किल और बिना किसी विशेष सहायता के इकठ्ठा किया जिससे अंग्रेजों के पहले या उनके यहाँ प्रभुत्वशाली होने के पहले तक के भारत की शिक्षा, टैक्नोलॉजी, विज्ञान, चिकित्सा और इन सबको सहारा देने वाली राजस्व व्यवस्था की वह छिपी हुई तस्वीर सामने आ सके जो पिछले सौ या और अधिक वर्षों से पश्चिम प्रभावित आधुनिक शिक्षा के घटाटोप में ओझिल रही आयी थी। इस अध्ययन से हममें से अनेक के लिए भारत के अतीत का नक्शा अवधारणाओं और अमूर्तनों की धुन्ध से निकलकर ठोस आँकड़ों की ज़मीन पर अपने आश्चर्यजनक रूप में फैल सका।

हम में से अनेक को पहली बार मालूम चल सका कि भारत में चेचक के टीके शताब्दियों से लगाये जा रहे थे (जब जानर और लुई पास्चर का जन्म ही नहीं हुआ था) और उसके विषय में ब्रिटेन के वैज्ञानिक जर्नलों में सामग्री प्रकाशित हुआ करती थी, कि यहाँ के खेती के औज़ार यूरोप के उस समय के ऐसे ही औज़ारों से कहीं अधिक परिष्कृत थे, कि यहाँ बहुप्रचारित द्विजों को नहीं, सभी को शिक्षा का अवसर था और यह कि यहाँ के लाखों शिक्षा-केन्द्रों में न सिर्फ़ ब्राह्मण, क्षत्रिय, वैश्य बल्कि तथाकथित निचली जातियों के लड़के-लड़कियाँ भी बड़ी संख्या में पढ़ते थे और पढ़ाने का काम भी इन समेत सभी जातियों के शिक्षकों द्वारा किया जाता था, कि यहाँ की राजस्व व्यवस्था एक ऐसे अद्‌भुत ढंग से विकेन्द्रीकृत थी जिसके कारण शिक्षा, पुलिस और अन्य सार्वजनिक योजनाएँ सुचारू रूप में

चल सकती थीं और इससे किसानों या अन्यों पर कोई अतिरिक्त बोझ भी नहीं पड़ा करता था और यह भी कि इस कारण उस समय भारतीय किसानों की हालत इंग्लैंड के किसानों की हालत से कहीं बेहतर थी। भारत के अनेक गाँव समुदायम के आधार पर संगठित थे जहाँ किसानों का कुल भूमि पर हिस्सा तो रहता था लेकिन उनकी जोत समय-समय पर बदली जाती थी। यानि कुल ज़मीन में हिस्सेदार किसान अलग-अलग सालों में अलग-अलग स्थानों पर खेती करते थे ताकि ज़मीन के उर्वर-वैषम्य की लाभ-हानि में सभी किसान साझा करें। ये और इन जैसे अनेक तथ्य धर्मपाल जी इसलिए सामने ला पाये क्योंकि वे हमारे तमाम इतिहसकारों से भिन्न हैं। ये इतिहासकार अपने कृतित्व में बोलते अधिक हैं, सुनते कम हैं। इन्हें समझ के मॉडलों की फिक्र कुछ अधिक ही है। इसके बरअक्स धर्मपाल जी का इतिहास-लेखन भारतीय सभ्यता की आधी-अधूरी फुसफुसाहटों से लेकर ठोस अभिलेखों को ध्यान और धीरज के साथ सुनने से उत्पन्न हुआ है जहाँ उन्होंने बिना किसी यूरोपीय पूर्वग्रह के, बिना किसी मॉडल की परवाह के भारतीय अतीत की सीधी-सादी पर वैविध्यपूर्ण वाणी को उसके तमाम स्वरूपों में सुना है। इसलिए धर्मपाल जी के लेखन में भारत का अतीत न किसी अर्मूत अजूबे की तरह सामने आता है, न ही यूरोपीय सभ्यता के इतिहास की फीकी अनुकृति की ही तरह। इसी तरह इस लेखन में भारतीय अतीत का चित्र अत्यन्त परिष्कृत, क्रियाशील और विवेकवान सभ्यता के रूप में उभरता है जो तमाम औपनिवेशिक ध्वंस के बावजूद भारतीय जीवन की अनेकशः बुनावटों में आज भी जीवित बनी हुई है और उसे अपने भारतीयता के मूर्खतापूर्ण दावों को त्यागकर अगर हम चाहें तो आज भी देख सकते हैं और चाहें तो आज भी व्यापक स्तर पर सक्रिय करने का

प्रयत्न कर सकते हैं। शायद भारतीय सभ्यता के टूटे-फूटे धागों के इन्हीं स्पन्दनों को बीसवीं के प्रारम्भ में गांधी जी ने सुना था और इसे ही दोबारा सक्रिय करने में उन्होंने अपना समूचा जीवन लगाया था।

यह हो सकता है कि भारतीय इतिहास के वे तथ्य जो धर्मपाल जी सामने लाये हैं, उन पर दूसरे इतिहासकारों का भी ध्यान गया हो, यह हो सकता है कि भारतीय इतिहास के किन्हीं अन्य ग्रन्थों में भारत में शताब्दियों से चेचक के टीके के उपयोग या किसी तरह की प्लास्टिक सर्जरी के विषय में, या मैदानी इलाक़ों में हज़ार वर्षों से बर्फ बनाने की टैक्नोलॉजी या यूरोप की तुलना में उन्नत किस्म के कृषि के औज़ारों की उपस्थिति के बारे में या बनारस आदि की खगोल-विज्ञान सम्बन्धी वेधशालाओं के विषय में लिखा गया हो। यह भी हो सकता है कि किन्हीं अन्य इतिहासकारों ने यह नोट किया हो कि भारत में शिक्षा व्यवस्था का कैसा सुन्दर और परिपक्व विस्तार रहा है (जिसे गाँधी जी ने 'खूबसूरत वृक्ष' कह कर पुकारा था) जहाँ तथाकथित शूद्र बड़ी संख्या में बल्कि अनेक बार तथाकथित द्विजों से कहीं अधिक संख्या न सिर्फ़ पढ़ते थे बल्कि देश में फैले हजारों शिक्षा केन्द्रों में पढ़ाते भी थे और यह कि १८वीं और १९वीं शती में भारत की अपेक्षाकृत कमज़ोर शिक्षा-व्यवस्था तक यूरोप की तब की शिक्षा-व्यवस्था से कहीं अधिक उन्नत और समतामूलक रही है। यह भी सम्भव है कि किसी अन्य इतिवृत्तकार ने यह खोजा हो कि भारत की राजस्व व्यवस्था आधुनिक राजस्व व्यवस्था से बिल्कुल भिन्न थी और साथ ही वह अधिक सहकारपूर्ण थी जिसके कारण उसमें तथाकथित राजसत्ता और तथाकथित समाज दोनों ही सहज साझा कर सकने की स्थिति में थे और जिसके विकेन्द्रीकृत होने के कारण राजसत्ता कभी भी अधिक ताकतवर नहीं हो पाती थी, कि

हर्षवर्द्धन समेत भारत के कई राजाओं को हर कुछ सालों में कुम्भ मेले में अपना सारा ख़जाना खाली कर देना होता था ताकि उनकी प्रभुताई एक सीमा से अधिक न बढ़ सके और यह कि त्यौहारों को हम विशुद्ध धार्मिक कह कर उन पर ध्यान न देने के आदी हो गये हैं जबकि भारत में वे विशिष्ट सामाजिक अवसरों की तरह बरते जाते रहे हैं। लेकिन इस सब के बाद भी धर्मपाल जी का काम तमाम अन्य इतिहासकारों के काम से भिन्न है। यह इसलिए है कि शायद धर्मपाल पहले ऐसे इतिहासवेत्ता हैं जिन्होंने उपरोक्त सभी तथ्यों को एक सम्पूर्ण, प्राणवान सभ्यता के तन्तुओं के रूप में देखा। उन्होंने इन बिखरे हुए तथ्यों पर किसी पहले से तैयार मॉडल को आरोपित करने की जगह, इन बिखरे हुए तथ्यों में छिपे उस विन्यास को देखने और परिभाषित करने का प्रयत्न किया जिसे हम भारतीय सभ्यता कह सकते हैं और जो अपनी बुनावट, अपनी संवेदना, अपने मानस में यूरोपीय सभ्यता से मूलभूत स्तर पर भिन्न प्रतीत होती है, जिसके लक्ष्यों और उन्हें प्राप्त करने की सामाजिक, कलात्मक, धार्मिक व अन्य प्रक्रियाओं का यूरोपीय सभ्यता से दूर का सम्बन्ध जान पड़ता है। इस अर्थ में धर्मपाल जी ने आत्म विस्मृत आधुनिक भारत को उसकी आधारभूत सभ्यता का ''ब्लू प्रिंट' प्रदान करने का प्रयास किया है।

लेकिन धर्मपाल जी, जो अब बियासी के हैं, का काम यहीं तक नहीं है, वे इससे भी एक कदम आगे जाना चाहते हैं। पिछले वर्षों में उन्हें १५वीं शती से शुरू होकर धीरे-धीरे अस्तित्व में आयी यूरोप-केन्द्रित (या अमरीका केन्द्रित) विश्वव्यवस्था के पहले की विश्व व्यवस्थाओं की आहटें सुनायी दे रही हैं। उन्होंने कुछ ऐसे साक्ष्य खोज निकाले हैं जिनके आधार पर उन्हें दुनिया की यूरोप-विजय

के पहले एक ऐसी विश्व-व्यवस्था के होने की सम्भावना दिख रही है जिसका केन्द्र शायद एशिया महाद्वीप में रहा होगा। वह एक ऐसी विश्व-व्यवस्था रही होगी जिसमें देशों के आपसी सम्बन्धों का आधार महज़ उनकी सैन्य शक्ति न होकर कुछ और रहा है। विश्व इतिहास में भटकते हुए हाल ही में उनकी भेंट सन् १४०३ के ऐसे चीनी नौसेना एडमिरल से हुई है जो तीस बरसों तक तीन सौ चीनी जहाजों का बेड़ा लेकर लगातार चीन, दक्षिण-पूर्व एशिया, भारत, ईरान और मेडागास्कर तक के अरब बन्दरगाहों के बीच गश्त करता रहा था। इस नौसेना एडमिरल, जिसका नाम चेंग हो था, के बारे में कहा जाता है कि वह अपने तीन सौ से अधिक जहाजों के बेड़ों और अठ्ठाईस हजार से अधिक सैनिकों के साथ बिना किसी युद्ध की आकांक्षा के केरल के कालिकट बन्दरगाह पर दिसम्बर १४०६ से अप्रैल १४०७ तक शान्तिपूर्वक रुका था। ऐसे जहाजी बेड़े हिन्द महासागर में और चीनी समुद्रों में आते जाते रहे होंगे। साथ ही यह भी ध्यान देने योग्य है कि बंगाल और भारत के अन्य स्थानों पर १५वीं शती के प्रारम्भ में चीन के राजदूतों के होने की बात कही जाती है। धर्मपाल जी को ऐसे अनेक तथ्यों, व अभिलेखों में एक दूसरी विश्वव्यवस्था की झलक दिखायी दे रही है, एक ऐसी विश्वव्यवस्था की जो इस्पहानी, पुर्तगाली, डच, ब्रितानी और फ्रांसीसी जहाजी बेड़ों के सहारे विश्व में यूरोपीय प्रभुत्व स्थापित होने से पहले जीवित रही आयी होगी और जिसका आधार इस विश्व व्यवस्था में साझा करने वाले विभिन्न देशों की अपनी विशिष्ट आन्तरिक व्यवस्थाएँ व अन्तश्चेतनाएँ रही होंगी। उस विश्व व्यवस्था और उसके आधार ज्ञान-विज्ञान, कला, साहित्य आदि विषयक चिन्तन को विभिन्न एशियायी और यूरोपीय भाषाओं के अभिलेखों, ग्रन्थों

में खोज कर जाँचने की ज़रूरत धर्मपाल जी महसूस कर रहे हैं जिससे भारत जैसे देश के सामने, जो विश्व-बाज़ार के बोझ तले पिसते चले जाने को अभिशप्त है, अपने को व्यवस्थित और अन्तर्सम्बन्धित करने का बिलकुल ही नया विकल्प आ जाये और बाज़ारवाद के अनन्य समर्थकों का विश्व-बाजार को ही मनुष्यता के सामने एकमात्र मार्ग की तरह रखने का दावा भी झूठा पड़ सके।

धर्मपाल जी से इस बातचीत को पुस्तक रूप में लाने से शायद यह सम्भव हो कि भारतीय इतिहास को देखने की एक और नज़र सुलभ हो सके। इसका यह अर्थ कतई नहीं कि यही एकमात्र नज़रिया है जिससे भारतीय इतिहास को देखा जाये। बल्कि इसका इंगित इतना भर है कि भारतीय और वृहत्तर एशियायी समाजों में ऐसा बहुत कुछ है जिसे खोजा, समझा और व्याख्यायित किया जाना बाकी है। ऐसी बहुत-सी सामग्री अलग-अलग स्थानों पर बिखरी पड़ी है जो इन देशों के इतिहास-लेखन के लिए अपने पढ़े जाने की मांग करती जान पड़ती है। अगर इस तरह की बातचीत से किन्हीं अध्येताओं को यह प्रेरणा हो सके कि वे इस अपठित व उपेक्षित सामग्री को देखने के उद्यम में लगें तो इसे इस पुस्तक की सफलता कहा जायेगा। ऐसी प्रेरणा जिन इतिहासकारों के लेखन से आ सकती है उनमें, वैसे भी, धर्मपाल जी का नाम काफ़ी ऊपर आयेगा क्योंकि धर्मपाल जी का इतिहास-लेखन न सिर्फ़ अपने आप में कुछ तथ्यों, आँकड़ों आदि को प्रस्तुत कर उनकी किन्हीं व्यापक साभ्यतिक सन्दर्भों में व्याख्या करने की कोशिश करता है बल्कि वह अपने पाठकों को अपने चारों ओर फैली साभ्यतिक आत्म-विस्मृति की कुहेलिका से खुद भी बाहर आने को उकसाता है और यह उकसावा ऐसे समाजों के लिए अत्यन्त अर्थगर्भी हो सकता है जो औपनिवेशिक शिक्षा-संस्कार के घटाटोप से अपनी परम्पराओं और सम्भावनाओं, भाषाओं और भंगिमाओं

को समझने में बहुत हद तक विफल रहे हैं। शायद इसी विफलता का ही एक परिणाम यह है कि भारत में जगह-जगह परम्परा और इतिहास के नाम पर अनेक राजनैतिक समूह तरह-तरह की हिंसा करने पर आमादा हैं। एक ओर भारतीय परम्परा और इतिहास की दुहाई और दूसरी ओर किन्हीं भी परम्पराओं को निर्मूल करने वाले खुले बाज़ार की वकालत करने वाली अन्तर्विरोधी और अन्ततः आत्मलिप्त राजनीति को भी तभी शान्त किया जा सकता है जब हम अपने अतीत को हिन्हीं उपलब्ध पर ऐतिहासिक ढाँचे में अटाने के स्थान पर उससे उपलब्ध सामग्री के आधार पर अपने समय के ढाँचे तैयार करने का प्रयत्न करें। फिर वह समझ, बहुत सम्भव है, धर्मपाल जी की समझ से भिन्न भी हो तो इससे फ़र्क नहीं पड़ेगा, बल्कि धर्मपाल जी जैसे इतिहासकारों को इससे प्रसन्नता ही होगी।

प्रस्तुत बातचीत मसूरी में हुई थी। बारिश के कुछ शुरूआती महीने धर्मपाल जी कुछ बरसों से मसूरी में बिताते हैं। यहाँ वे सिद्ध नामक संस्था में रहते हैं जो हिमालय क्षेत्र के अखण्ड विकास के लिए कार्यरत है। वहाँ से 'हिमालय रैबार' नाम की बहुत सुन्दर एक पत्रिका भी निकलती है। धर्मपाल जी 'सिद्ध' के निदेशक श्री पवन कुमार गुप्ता और श्रीमती अनुराधा जोशी के घर ठहरे थे। यह लकड़ी का घर मसूरी की एक बहुत ऊँची पहाड़ी पर बना है। हम इससे कुछ ही दूरी पर एक और घाटी की किनारे पर बनी होटल में रूके थे। कमरे की खिड़की से दूर तक चली गयी घुमावदार सड़क और तलहटी में नीचे उतरते वृक्ष दिखायी देते जिन्हें कई बार घाटी में नीचे आ गये बादल ढँक लेते थे और कई बार बादलों से भरी घाटी में कोई पक्षी मुँह-अँधेरे ऐसे बोलते हुए चक्कर काटता जैसे कोई बुखार में काँख रहा हो, जैसे मसूरी की यह घाटी अपने इस पक्षी

के गले से कराह रही हो। मगर जैसे-जैसे सुबह घनी होना शुरू होती, बादल छँटने लगते और घाटी में प्राचीन ऋषियों की तरह ध्यानमग्न ऊँचे वृक्ष और इठलाती हुई पहाड़ से नीचे उतरती सड़क दोबारा दिखाई देने लगते। हम टेप रिकार्डर उठाये पवन और अनुराधा जी के घर की ओर बढ़ने लगते जहाँ पहाड़ों की तितीरी उजास में अक्सर घर के बाहर ही कुर्सी डाले धर्मपाल जी हमारा इन्तज़ार कर रहे होते। वे बहुत धीमे-धीमे बोलते हैं, बिलकुल शास्त्रीय गायक की खरज की आवाज़ में, जहाँ उनकी आवाज़ का एक-एक दाना सुनने वाले के कान के फर्श पर बिखरता जाता है। वे समय को वर्षों में नहीं, शताब्दियों में गिनते हैं और उनकी लगभग हर बात में विभिन्न सभ्यताओं की आत्मचेतना साफ दिखायी देती है। वे जैसे सभ्यताओं के बायस्कोप के भीतर झाँकते हुए बोल रहे हों। मेरे और प्रभात रंजन दोनों के लिए यह किसी अनोखी दुनिया में प्रवेश करने जैसा था। हम देर तक बातें करते रहते। वे इस उम्र में भी बिना थके बोलते रहते और हम आश्चर्य में डूबे उन्हें सुनते रहते। बीच में कभी अनुराधा जी हमें खाने के लिए बुलाने आ जातीं और हम कभी १५वीं शती, कभी १८वीं शती के संसार से निकल कर खाने के कमरे की ओर बढ़ जाते जहाँ हर दोपहर एक नये तरह का सुस्वादु खाना हमारा इन्तज़ार कर रहा होता।

भोपाल १० जनवरी २००१ — **उदयन वाजपेयी**

उदयन : मीराबेन से आप बहुत समय से जुड़े रहे हैं। हमने उस बारे में पढ़ा भी है। हम अपनी बात वहीं से शुरू करें।

धर्मपाल : बहुत तो नहीं....वैसे मिलना-जुलना तो रहा। उनसे सन् १९४४ में मुलाकात हुई। वह रुड़की के पास आश्रम बना रही थीं। किसान आश्रम नाम था। मेरठ में हमारे कुछ मित्र थे । वे उनके यहाँ ठहरी थीं। उन्होंने कहा होगा कि मुझे कुछ लोग चाहिए। किसी ने मेरा नाम ले लिया होगा। जब उन्होंने मुझसे कहा होगा तो मैंने कहा ये कैसे चलेगा। उन्होंने कहा, नहीं जाओ। मैं चला गया। उनके साथ रहा तीन-चार साल, सन् ४७ तक, किसान आश्रम में। मीराबेन के साथ हम चार-पाँच लोग थे। फिर बाद में सन ४६ में वे उत्तर प्रदेश सरकार की सलाहकार बन गयीं। थोड़ा सरकारी रूप से घूमीं भी। बहुत सारी जगहों पर गयीं। वहाँ रहीं तीन-चार साल।

उदयन : उस वक्त आप थे उनके साथ....?

धर्मपाल : शुरू में था। फिर ४७ से मैं ज्यादा दिल्ली में रहने लगा। पार्टीशन हुआ था। लोग आये थे। उन दिनों कुछ समाजवादी लोगों से मुलाकात हुई। डॉ. लोहिया से, कमला देवी जी से। यह सोचा कि इन आये लोगों को दुबारा से बसाने का काम सहकारिता के हिसाब से होना

चाहिए। हर काम में कुछ अपने प्रिंसिपल बना लिये जाते हैं ना। और समय का ख़्याल नहीं रखा जाता। कांग्रेस सोशलिस्ट पार्टी का एक सेक्शन-सा बन गया। उसमें मैं था और लोग भी थे। कमला देवी तो उसके साथ काफी रहीं। डॉ. लोहिया नहीं थे उतने। वे गांधी जी के मरने के बाद दिल्ली ज्यादा नहीं रहे।

पहले से भी ये विचार था कि गाँव कम्युनिटी की तरह से होना चाहिए। मतलब मीराबेन के साथ रहते हुए भी यह विचार आया होगा। उनसे भी सुना होगा, सीखा होगा। कुछ लोग वैसे बसने को तैयार थे। कुछ साधारण कोआपरेटिव बने भी लेकिन कुछ खास नहीं हो पाया। मीराबेन के साथ रहना तो अलग था। मैंने उनके साथ कुछ खास काम-वाम तो किया नहीं। बातें की होंगी। उन्हें सुना होगा।

उदयन : उनकी खुद की क्या धारणा थी भारतीय समाज को लेकर...और अन्य चीजों को लेकर। आपकी किताब में जयप्रकाश नारायण जी की भूमिका में यह है कि एक तरफ तो एकीकृत आटोमाइज्ड इण्डीविजुअल है दूसरी तरफ कम्युनिटी है, इन दोनों में से भारतीय समाज की आधार-शिला क्या हो? वे निश्चय ही कम्युनिटी के पक्ष में हैं। और नेहरू ने तो एक दिशा ले ली थी जिसमें ऑटोमाइज्ड इण्डिविजुअल ही केन्द्र में था।...मीराबेन अपनी बातचीत में, अपने व्यवहार में भारतीय समाज को लेकर कैसे बरतती थीं?

धर्मपाल : वैसे ही जैसे महात्मा गांधी से उन्होंने समझा होगा। और उस जमाने में पश्चिम की सिम्पलिसिटी वाली धारा में वे रही होंगी। स्वभाव से भी शायद वे ऐसी ही रही हों। संगीत में उनका अनुराग था ही। हिन्दुस्तान आने के पहले सबसे अधिक विशिष्टता बीथोवन को देती होंगी। १९२२ या २३ में उनकी रोमां रोलां से मुलाकात हुई। रोमां रोलां

भी बीथोवन के बड़े भक्त थे। उन्होंने उनके जीवन पर एक बड़ा उपन्यास लिखा है, **ज्याँ क्रिस्तोफ**। ये उनसे मिलीं। ये वैसे कला की दुनिया वगैरह में थोड़ा रही होंगी। तो रोमां रोलां ने कुछ कहा कि बीथोवन जैसा एक व्यक्ति और भी है तब वे पुस्तक लिख रहे थे महात्मा गांधी पर। शायद पूरी हो गयी थी। छप गयी थी....वो किताब उन्हें बतलाई होगी। जैसे 'अनदर जीसस क्राइस्ट' वाली बात है उसी तरह इनके लिए बीथोवन जीसस क्राइस्ट-जैसा ही होगा। महात्मा गांधी भी वैसे हैं, इन्होंने लिखा। वो पुस्तक पढ़ी होगी। पुस्तक पढ़ने के बाद इन्होंने लिखा और गांधी जी ने जवाब दिया। गांधी जी ने भी हिसाब से जवाब दिया होगा। ये ब्रिटिश समाज से थीं। ब्रिटिश एडमिरल की बेटी कह रही है आने को। इन्होंने लिखा कि ऐसा-ऐसा जीवन है, ऐसा होगा, साल भर इन्तजार करो और फिर आना चाहोगी तो आ जाना। फिर सालभर इन्होंने उसकी तैयारी की। जमीन पर सोना शुरू किया। शाकाहारी भी बनी होंगी। शायद कुछ चरखा-वरखा भी कातना शुरू किया हो।

उदयन : और सन् ४७ में आकर और भारत की तब की स्थिति देखकर उनकी क्या वैचारिक स्थिति बनी थी?

धर्मपाल : सन् ४७ में उन्हें ये लगता था कि यह ज़रूर है कि जरा गड़बड़ हुआ है लेकिन यह ठीक हो जायेगा। ये बाबू राज है, ऐसी सब बातें भी कहती थीं और एक पत्रिका भी चलायी—**बाबूराज**। दो-एक बरस छपी सन् ५० तक। मेरे ख्याल से उन्हें आशा थी। वो जब आयीं उस समय या उसके कुछ बाद उनकी ये मान्यता थी कि वो तो हमेशा भारतीय रही हैं, गलती से पश्चिम में पैदा हो गयी हैं। उन्हें यहाँ तो आना ही था। घर लौटना ही था।

उदयन : सन् ४५ के बाद बापू का लिखा देखें तो वहाँ एक

गहरी निराशा का भाव....।

धर्मपाल : नहीं, वह दूसरे तरह की निराशा है। ऐसा नहीं है कि वो जो कर रहे हैं, वो काम का नहीं है या नहीं होगा। ये नहीं है। उन्हें लगता है कि सुनते नहीं हैं ये लोग। धोखा खाने का एक सेन्स है उसमें। कहते नहीं हैं लेकिन जवाहरलाल जी के साथ उनके पत्र-व्यवहार से ऐसा लगता है और उनका शायद मन है एक बड़ी लड़ाई लड़ने का। लेकिन वो पाते हैं कि उनके जो लोग हैं, --लेफ्टिनेंट्स है--क्या कहते हैं उनके जो सबाल्टर्न्स हैं--वे तैयार नहीं हैं, थक गये हैं। और कुछ संसार का रुख देखा होगा। अन्दाजा किया होगा। उसमें उन्होंने एक तरह से यह महसूस किया होगा कि वो होने वाला नहीं है जो वे उस समय चाहते थे। तो उस पर जोर नहीं देना। इन्हें करने दो। और उन्होंने माना होगा कि ये करेंगे, कर पायेंगे। जैसे सन् १९२६ में महात्मा गांधी कांग्रेस पार्टी को एक रास्ते पर ले जाना चाहते थे और स्वराज पार्टी वाले लोग उसके लिए तैयार नहीं थे। तब वे कुछ अलग हो गये थे। उन्होंने तय किया था कि राजनीति पर खास नहीं बोलेंगे और दो-एक बरस शायद वह चला। हरिजन आदि का काम उठा लिया। इसी तरह इस बार भी उन्होंने सोचा होगा कि ठीक है अभी इन्हें कर लेने दो और इसमें से निकलेगा कुछ भी नहीं.

उदयन : लेकिन तब आप जैसे लोगों की क्या स्थिति थी। उसे गांधी जी की हल्की-सी उदासीनता समझ लीजिए कि वे सोचने लगे हैं कि इनको करने दो। आप लोग पर खासकर आप या मीराबेन, मीराबेन तो वरिष्ठ हो गयीं...लेकिन आप जैसे युवाओं की क्या प्रतिक्रिया थी गांधी जी की इस उदासीनता पर?

धर्मपाल : अपने को तो समझ ही कुछ नहीं थी। क्योंकि सन्

४६ में जब प्रदेशों के और शायद सेन्ट्रल लेजिसलेचर के चुनाव हुए तो ऐसा नहीं लगता था कि जो हम चार-छः साल पहले से सुनते आ रहे हैं कि किसी तरह का बदलाव होगा, वह होगा नहीं। ये लगता था कि ये तो हो ही जायेगा...पार्टीशन वगैरह की भी बहुत चर्चा नहीं होती थी। बैठकों वगैरह में होता होगा लेकिन साधारण तौर पर नहीं होती थी। और यह भी था कि हम ये सब नहीं होने देंगे। हम पार्टीशन को मानेंगे नहीं। और जो बाद का पत्र-व्यवहार वगैरह गांधी वांग्मय में या जवाहरलाल जी की किताबों में या और लोगों से भी मिलता है, वो तो किसी को मालूम नहीं था। कुछ बड़े लोगों को मालूम रहा होगा। हमें यही लगता था कि पार्टीशन नहीं होगा। फिर होने लगा तो उसमें फँस गये। फिर इसका अन्दाजा भी नहीं था कि पार्टीशन में कैसा क्या होगा?

दरअसल हमारे बड़े नेता लोगों का अपने ही इतिहास से कोई सम्बन्ध नहीं रह गया था। उसमें महात्मा गांधी भी आ जाते होंगे। महात्मा गांधी ने मार्च १९३१ में **मैनचेस्टर गार्डियन** के संवाददाता को एक इण्टरव्यू दिया है। वह पहली अप्रैल को कराची में छपा है। कराची कांग्रेस हो रही है। वो पहले **मैनचेस्टर गार्डियन** में छपा है, इंग्लैण्ड में और बाद में **स्टेट्समैन** में, कलकत्ता में। वैसे वो इण्टरव्यू तो गांधी वांग्मय में छपा ही है लेकिन मेरी अपनी उसमें दिलचस्पी कुछ और है। उसकी मूल कापी जो इण्टरव्यूअर ने लिखी वह लन्दन में नीलामी में आया। नीलामी में आयी तो इण्डिया ऑफिस वालों ने उसे खरीदा। दसेक पन्ने की है। उस पर महात्मा गांधी ने काफी काट-पीट भी की है। उसमें जो काट-छाँट हैं, वह महत्वपूर्ण हैं और उसी में मेरी दिलचस्पी है। बात ये हो रही है: पत्रकार कहता है कि आप डोमिनियन स्टेटस क्यों नहीं मान लेते। तो गांधी कहते हैं कि डोमिनियन स्टेटस हम कैसे मान लें। हमारा

तो उनसे (ब्रितानियों) कुछ सम्बन्ध नहीं है और जो ब्रिटेन के डोमिनियन्स हैं वे तो उनके सम्बन्धी हैं जैसे कनाडा, ऑस्ट्रेलिया वगैरह। हमारा तो ऐसा कुछ है नहीं। हम यह नहीं मान सकते, यह हमारे सम्मान के खिलाफ है। उसके बाद वो कहता है कि आप ये तो मानेंगे ना कि अंग्रेजों की वजह से ये हिन्दू-मुसलमान झगड़े कम हुए। उन्होंने कहा कि नहीं मैं नहीं मानता। फिर ये बात हुई कि अंग्रेज चले जायें हिन्दू-मुस्लिम झगड़े हुए तो क्या करेंगे? उन्होंने कहा कि मेरे ख्याल से ऐसा नहीं होगा। होगा तो ठीक है हो जायेगा। उस पर वो संवाददाता कहता है कि उसके लिए आपको ब्रिटिश सेना की जरूरत होगी। तो ये कहते हैं कि ठीक है, अगर जरूरत होगी तो हम कहेंगे कि हमें सेना दे दो, हम उसका पैसा दे देंगे। उनकी सेना तो मर्सेनरीज़ की है, ऐसा किया जा सकता है। लेकिन अगर वो कहते हैं कि सेना नहीं देंगे तो ठीक है, नहीं दो। हम आपस में लड़-भिड़कर सब तय कर लेंगे। हो सकता है उसमें एक समुदाय या दूसरी समुदाय नष्ट हो जाय.। लेकिन इसके लिए हम उनकी सेना रखें, ये तो हमारे सम्मान के खिलाफ है। महात्मा गांधी को दिखता है कि क्या-क्या हो सकता है? ऐसा नहीं है कि अचानक कुछ हो गया । इतना दिखता है और जब वे कह रहे हैं कि एक समुदाय या दूसरा समुदाय नष्ट हो जाय तो वे कोई मामूली बात नहीं कह रहे हैं। क्या हुआ करता है संसार में, उनको इसका अन्दाजा है। लेकिन ये अन्दाजा किसी दूसरे स्तर पर है जो वास्तविकता का स्तर है वहाँ नहीं है शायद। ऐसा मुझे लगता है। वास्तव में जो होता रहता है, दस-बीस या पचास साल में, किसी देश में तो देखा नहीं है। सोच सकते हैं कि ऐसा होगा। लेकिन वो होता है तो क्या-क्या होता है यह पता नहीं है, ये एलिमिनेशन कोई साफ़-सुथरी यह पता नहीं है चीज नहीं है। घिनौनी है और उससे कितना घिनौनापन होता है--भौतिक क्षरण ही नहीं मानसिक क्षरण भी, मैं समझता

हूँ कि इसका गांधी जी कुछ अन्दाजा नहीं था।

उदयन : और किसी को भी नहीं था, ऐसा आपको लगता है?

धर्मपाल : अंग्रेजों को था। मेरा अपना ख्याल है कि अंग्रेजों ने उसके लिए इन्तजाम किया कि वो हो। लेकिन जो-जो उन्होंने कदम उठाये वे इसीलिए थे कि वह हो जिस तरह हड़बड़ी की, वह इसीलिए थी। माउण्टबेटन ने मई या जून में तय किया पार्टीशन का और शुरू में १८ महीने की बात थी। जब माउण्टबेटन आया है तो ये था कि अठारह महीने में उसको पूरा करना है लेकिन वास्तव में उसने विभाजन का काम दो या तीन महीने में किया है। ये रणनीति वाला मसला है। माउण्टबेटन की एक चिट्ठी है। जब ये तय हुआ है कि उसे हिन्दुस्तान आना है तो किंग जॉर्ज को एक चिट्ठी है उसकी। किंग जॉर्ज उसके कजिन हैं। इस चिट्ठी में वो बता रहा है कि प्रधानमन्त्री ने मुझे बुलाया और मुझसे ये कहा, वो कहा।यह बात ३१ दिसम्बर १९४६ की है। यह ख़त *ट्रांस्फर ऑफ पावर* में छपा है। ख़त में आगे उसने अपनी समस्या बताई और फिर कहा कि क्रिप्स ने उससे कहा है कि मैं तुम्हारे साथ चल सकता हूँ। थैंक गॉड। मतलब माउण्टबेटन का नाम वायसरायशिप के लिए तीन-चार साल पहले भी पेश हुआ है लन्दन में। लेडी विलिंगटन ने उसका नाम दिया है--परहैप्स ही कैन डू द जॉब। शायद यह आदमी 'काम' कर सकता है। लेकिन उस वक्त बेवल की नियुक्ति हो जाती है। लेकिन माउण्टबेटन लोगों की नजर में है शायद--द मैन हू कुड डू व्हाट वी वाण्ट। फिर माउण्टबेटन का कहना है कि जनरल इस्मे, जो उसका दोस्त है, वह छुट्टी छोड़कर इसके साथ हिन्दुस्तान आने को तैयार हैं। फिर वो कहता है--लास्ट गेम। आखिरी दाँव। शायद यह पोलो के खेल की शब्दावली है, मुझे समझ में नहीं आती।

उदयन : और उसने इसका खुलासा नहीं किया है...

धर्मपाल : खुलासा उनकी शब्दावली में हो जाता होगा। अपनी समझ में नहीं आयेगा क्योंकि हम न तो अंग्रेज है और न ऑफिसर क्लास के है और न सबाल्टर्न्स हैं। मैंने कहीं पढ़ा है कि पोलो के खेल में आश्चर्य का तत्व बहुत है। विपक्षी को अन्दाजा नहीं हो कि आप क्या करने वाले हैं। यही उन्होंने किया। हिन्दुस्तानियों (याने पाकिस्तान वगैरह को शामिल करके)को समझ में नहीं आया कि क्या होने वाला है। लेकिन ये खेल क्लाइव ने भी किया। रॉबर्ट क्लाइव जब पलासी का युद्ध लड़ रहा था तो उसमें भी यह तत्व है। रॉबर्ट क्लाइव को, हो सकता है बहुत अन्दाजा नहीं रहा हो कि हिन्दुस्तानी कैसे है, उनका स्वभाव कैसा है? लेकिन दो सौ बरसों में अंग्रेजों ने बहुत कुछ सीखा। अंग्रेज हमें हमसे ज्यादा ही जानते हैं, मुझे इसमें कोई बहुत शक नहीं है। वे समझ गये कि भारतीयों को बहुत देर लगती है कुछ भी तय करने में--तेज़ नहीं है। कुछ भी इस तरह अचानक कर देंगे तो सँभाल नहीं पायेंगे। लड़खड़ा जायेंगे। लड़खड़ा जायेंगे तो फिर ये जो भारत है, खतरनाक नहीं रहेगा हमारे लिए। लड़खड़ा जाने से फिर पावर गेम में तो नहीं रहेंगे। हम पर निर्भर रहेंगे। हमें पता रहे कि ये क्या कर रहे हैं। ये देश हमारा बनाया हुआ है। ये तो गिरा हुआ था हमने बनाया है। और इसे हम जाने नहीं देंगे जहाँ तक हो सके। यह उन्होंने सोचा होगा।

अमरीकी राष्ट्रपति रुजवेल्ट ने एक बार ब्रिटिश एम्बेसेडर से कहा था, अगस्त ४२ में कि आई डॉण्ट वाण्ट टू से एनीथिंग बट आई वुड लाइक द ब्रिटिश टू एक्ट इन ए वे दैट इण्डिया स्टेज इन वेस्टर्न ऑरबिट। (मैं और कुछ तो नहीं कहता लेकिन इतना अवश्य चाहता हूँ कि भारत पश्चिम के दायरे में ही रहे) उसके बाद उनके सेकेट्री ऑफ

स्टेट ने कहा कि बट द इण्डियन्स आर एशियन लेकिन वे तो एशियाई हैं तो उन्होंने कहा कि नो-नो। दे आर नॉट एशियाटिक्स--उस समय ये शब्द चलता था--दे आर आवर कजिन्स। नहीं, नहीं, वे एशियायी नहीं हैं, वे हमारे भाई हैं। ये बातें वैसे भी चर्चा में आती होंगी तो हिन्दुस्तानी तो खुश होते होंगे। इस सबकी परिणति जब १९४७ के विभाजन में होती है तो हम लड़खड़ा जाते हैं। मेरे ख्याल से हमारे बस का कुछ नहीं रहता। ये विभाजन की बात हमारे लोगों को निराश तो बहुत करती होगी। विभाजन अगर हँसी-खुशी से हो जाता तो भी निराशा तो होती ही। फिर विभाजन के बाद जो हुआ उससे, मेरे ख्याल में, हम उखड़ गये। ऐसे लोग लाखों में होंगे जो महात्मा गांधी के लिए कहते होंगे कि अभी तक जिन्दा क्यों हैं? उनका भी तो दुख मामूली नहीं है न। मुझे लगता है कि गांधी जी को भी ऐसा अन्दाज, इस तरह नहीं है कि कुछ आपदा होने वाली है। उन्हें लगता है, गड़बड़ हुआ है। उनके कुछ भाषण हैं, नोआखाली वगैरह में सन् ४६ के अन्त या ४७ के शुरू में। खूबसूरत भाषण हैं। उसमें ये है कि वे जान रहे हैं अब हमें क्या-क्या करना है--वे पूरे वक्त रोते रहते। कुछ तो थोड़ा रोना भी पड़ता है। वो तो करते ही होंगे। और वे ये देख रहे हैं कि उन्होंने जो-जो मनवाया था देश से, वो सब जा रहा है। मतलब उन लोगों के कारण जा रहा है जो उनके शिष्य लोग थे और अफसर लोग थे और शासन था। और हो सकता है कि उसमें महात्मा गांधी को पूरा ब्रिटिश षड्यन्त्र दिख गया हो। लेकिन वे क्या करते।

महात्मा गांधी १८९०-९१ में लन्दन में शाकाहारी सोसायटी के लिए या तो बोले या उन्होंने एक लेख लिखा जो एक लेख की तरह छपा। उसमें हिन्दुस्तान के बारे में बहुत सारी बातें कह गये हैं। उसमें गाय की बात भी कह गये हैं कि गाय की ऐसी प्रतिष्ठा है इत्यादि और गाय

को बचाने के लिए बड़ा आन्दोलन आजकल चल रहा है। आन्दोलन यहाँ चल रहा था, काफी बड़े पैमाने पर था सन् १८८० से १८९४ तक। उसमें दो-चार करोड़ लोग शामिल हुए होंगे। उस पर रानी विक्टोरिया की चिट्ठी है कि ये आन्दोलन तो हमारे खिलाफ है, मुसलमान के खिलाफ नहीं। लेकिन उसके बाद गांधी जी ने अपने लेख में कहा कि गरीबी कितनी है हिन्दुस्तान में, इतनी कि नमक भी नहीं खरीद सकते और नमक पर कर है। ये नमक कर १८९०-९१ में ही महात्मा गांधी को चुभा है। दो-चार बार १९०५ वगैरह में उसका जिक्र फिर करते हैं। लेकिन नमक पर आन्दोलन तो १९३० में करते हैं। इस बीच में कोई बात नहीं है। चालीस साल उन्होंने इस पर विचार किया होगा। उसके परिणाम क्या होंगे? वे जब तैयार होते थे तभी कुछ करते थे...

उदयन : लेकिन आपकी वय के जो लोग थे, उनका क्या स्थिति थी? हम ४७ की बात कर रहे हैं। गांधी जी की मृत्यु के बाद के जो वर्ष हैं, जब भारत एक किस्म की दिशा ले रहा है बल्कि उसने एक खास दिशा ले ली है उसमें आप जैसे युवाओं को क्या लगा था?

धर्मपाल : नहीं तब वो दिशा दिखती नहीं है शायद...मेरे ख्याल से हमारी आयु के लोगों को तो दिखती ही नहीं होगी शायद और बड़े लोगों को भी नहीं दिखती होगी। जवाहर लाल नेहरू को शायद दिखती हो। कुछ बड़े प्रशासकों को शायद दिखती हो। लेकिन जरूरी नहीं है कि दिखती हो। जैसे गिरिजा शंकर वाजपेयी वगैरह हैं। ऊँचे लोग हैं। इन्हें पूरी तरह से यह दिखता हो कि हम कहाँ जा रहे हैं लेकिन ये जरूरी नहीं है। अंग्रेजों को भी शायद ये लगा होगा कि इन्हें हम ठीक दिशा में ले जा रहे हैं लेकिन कहाँ बैठेगा, कहाँ नहीं बैठेगा, इतना शायद अन्दाजा नहीं होगा। ये बाद में ही आता है, सन् ५० के बाद।

उदयन : स्वयं आपके लिए भी?

धर्मपाल : हाँ। एक हिसाब से मेरे लिए भी। सन ४८ में मैं इंग्लैण्ड चला गया साल भर के लिए, फिर एक साल के बाद लौट आया, बीच में इजरायल वगैरह भी गया। इंग्लैण्ड देखा और वहाँ थोड़ा गाँव-वाँव में भी रहा। ऐसा लगा कि जो अपने लोग हैं वो इनसे किसी भी तरह कम तो नहीं हैं, अक्ल या मेहनत में। बराबर ही हैं और इंग्लैण्ड के लोग भी अच्छे ही लगे। कुल मिलाकर मैं दस-बारह महीने वहाँ रहा होऊँगा। एकाध दिन कोई खराब लगा होगा। नहीं तो ठीक ही लगा। ज्यादातर लन्दन में ही रहा। गाँव में भी गया। वहाँ एग्रीकल्चरल कैम्प्स हुआ करते थे। लड़ाई के जमाने में इन्होंने बनाये होंगे। उसमें वे कैम्पस तब भी चलते थे जब ४८-४९ में मैं उनमें गया। पाँच-छः हफ्ते रहा। वहाँ देखा लोगों को। गांधी जी की बात भी हुई होगी और उनमें से कुछ ने कहा होगा कि वे महान थे। इस तरह की बात भी हुई होगी।

फिर मैं पचास के शुरू में लौट आया। बीच में इजरायल गया। जब इंग्लैण्ड गया था इजरायल जाने की दृष्टि से ही गया था। इजरायल जाने का सीधा रास्ता नहीं था हिन्दुस्तान से। तब ये था कि लन्दन से होकर जा सकते हैं। तो आखिर मैं लन्दन से होकर दो-तीन सप्ताह के लिए गया। डॉ. लोहिया भी तब लन्दन में थे दो-तीन दिन के लिए। उन्हें तो मैं पहले से जानता था। वो इजरायल जा रहे थे शायद। उनसे मैंने कहा कि मैं वहाँ जाऊँगा जरा कह-वह दीजिएगा। इजरायलियों को ये लगा हुआ था कि हिन्दुस्तानी आयें। उन्हें तो स्थापित होना था न। तो सदाशयता चाहिए। इजरायल में दो-तीन हफ्ते रहा। लेकिन बाद में लगा कि ये अपने काम का नहीं है। बड़ी चीज़ है लेकिन अपने काम का नहीं है। वे कर सकते हैं लेकिन अपन नहीं। उन्हें घिरे हुए होना महसूस होता

है, चारों तरफ दुश्मन हैं, तो ज़िन्दा कैसे रहें। इसी में वे बना गये । एक बड़ा डिब्यूट था, जिसे रूसी यहूदियों ने बनाया था, उसमें जो बच्चे थे वो कोई दो-चार हफ्ते की उम्र से लेकर १८ बरस तक इकट्ठे रखे जाते थे पर माँ-बाप के साथ नहीं। उनकी देखभाल वे लोग करते थे जो खाली हिब्रू ही बोलते थे। एक राष्ट्र बनाना है ना। तो बच्चों से बात करने के लिए माँ-बाप को हिब्रू सीखने की जरूरत पड़ती थी। सब कुछ उसी हिसाब से निर्मित किया गया था।

उदयन : आपको इजरायल जाने की प्रेरणा कैसे हुई थी?

धर्मपाल : सुना था कि वहाँ सामुदायिक जीवन पर प्रयोग हुआ है। तो लगा ठीक है देख लो क्या है? लेकिन उन लोगों की अरब लोगों के प्रति दृष्टि पीछे हमें जमीं नहीं। उसमें कुछ अधिक ही घृणा थी। पश्चिम का बाकी दुनिया के लिए जो तिरस्कार भाव है, वह वहाँ दिखता था। और यह लगा कि यह हमारे यहाँ नहीं बैठेगा।

उदयन : तब भी ये अनुभव नहीं हो रहा है कि हम गलत आ गये हैं....मैं यह इसलिए पूछा रहा हूँ कि अगर हिन्दुस्तान ऐसा रास्ता न लेता मान लीजिए और अगर उन्होंने भारतीय ढंग से चीजों को करने की चेष्टा की होती तो आपके काम की दिशा ही अलग रही होती।

धर्मपाल : मेरे ख्याल से बड़े से बड़े आदमी और छोटे से छोटे आदमी का, गांधी जी को छोड़ दीजिए, विचार के स्तर पर पश्चिमीकरण हो गया था। और वो शायद सन १८५० के आस-पास से ही होना शुरू हो गया था। बेंटिक करके गवर्नर जनरल हैं, उनकी कौंसिल में १८२९ में सवाल उठ रहा है कि आर वी सेफ और आर वी नॉट सेफ, उन्होंने जो हिन्दुस्तानी सेना बनायी है, वह वफ़ादार है या नहीं। उसमें मेटकाफ करके एक बड़ा अफसर है, वो कहता है कि कुल मिलाकर यह ठीक ही

है। यह जरूर है कि हम इन पर भरोसा नहीं कर सकते। हमें अपने लोग सेना में लाने होंगे। लेकिन हिन्दुस्तानी लोग हवा का रुख देखकर बदल जाते हैं। अगर हवा बदली तो ये लोग बदल जायेंगे। उनको कुछ लाना चाहिए। गवर्नर जनरल कहता है कि उसे ऐसा लगता है कि कलकत्ते में तो बहुत बदल गया है। जो हिन्दुस्तानी समृद्ध लोग हैं, वे पहले ब्राह्मणों को, भिक्षुओं को खिलाते थे, पर अब वे इसे बन्द करते जा रहे हैं। उसकी जगह वे यूरोपियों का मनोरंजन अपनाते हैं...तो ये सब वे कहते हैं।

मुझे लगता है कि बैंटिक का अन्दाजा ठीक ही है। दस-बारह साल पहले मैं हरिद्वार गया था और वहाँ पण्डे मृत्यु का संस्कार वगैरह करते हैं--उनकी बही देखी। उसमें सन् १८९० के करीब की एण्ट्री अंग्रेजी में थी। वह मेरे ही कस्बे मुजफ्फरनगर का आदमी था। इस स्तर पर हालाँकि यह सीधा पश्चिमीकरण नहीं है। इस व्यक्ति को बेंटिक थोड़े ही बतलाने आया था या मैकाले थोड़े ही बतलाने आया था। ये तो पश्चिम की हवा थी जिसमें हम सब उसकी ओर चले गये। यही इस्लाम के जमाने में भी शायद हुआ होगा कि जो पढ़ा-लिखा समाज है, वह फ़ारसी-वारसी की तरफ चला गया होगा। ये नहीं है कि वे देशभक्त न रहे हों, ऐसा नहीं है। विवेकानन्द ने १८९७ में, जबकि वे बहुत ऊँचाई पर हैं, और वापस आये हैं, लिख रहे हैं किसी को पत्र में 'वी हैव नो टैलेण्ट', हम में प्रतिभा नहीं है, हमारे पास कोई संसाधन नहीं है, हमें पश्चिम की मदद की ज़रूरत होगी। कई भाषणों में उन्होंने यह कहा। विवेकानन्द जैसा आदमी जब ऐसा कह सकता है जिसने दुनिया देखी हुई है, तो आप अन्दाज़ा लगा लीजिए।

१९४० में, ५० में, ६० में लोग कहते हैं कि हमें तो मदद माँगनी ही पड़ेगी। यहाँ तो कुछ रह ही नहीं गया है। उस तरह का

पश्चिमीकरण शायद हो गया था। गांधी जी ने उसमें कुछ आशा दी होगी। कुछ लोग खड़े हो गये होंगे १९१५ के बाद। कुछ साहस आया होगा। लेकिन जिस तल पर वह खड़ा हुआ होगा वह तल शायद हमारा नहीं था। वो शायद पश्चिम का था।

हम भ्रमित हो रहे थे। चर्खा में हम अपनी बात करते हैं, खादी की बात करते हैं, तेल घानी की बात करते हैं। गांधी जी ने बाद में गाँव की बात की है या सन ४६ में ओसियनिक सर्किल की, वो सब है। लेकिन हम तो फँसे हैं उस ढाँचे में जो हमें अंग्रेजों ने दिया है। हमें लगा कि वह ढाँचा हमारा है। वो पहले ही होना शुरू हुआ होगा। अंग्रेज जब आये हैं और जब उन्होंने खुद को स्थापित किया और जब ये इण्डोलॉजी वगैरह शुरू किया तो इसलिए कि वे ये देखना चाहते हैं, समझना चाहते हैं कि हिन्दुस्तान की मान्यताएँ क्या हैं। उसके लिए उन्होंने हमारे ग्रन्थों को देखा है। उन ग्रन्थों में कुछ ग्रन्थ उन्हें ऐसे लगते हैं जो उनके काम के हैं जो वो कहना चाहते हैं वो ग्रन्थ उसका कुछ समर्थन ही कर रहे हैं। उनका वे अनुवाद करते हैं। जैसे **मनुसंहिता** का। फिर बाद में २०-३० साल बाद लन्दन से ये कहा जाता है कि ये सब ग्रन्थ वगैरह छापना-वापना बन्द कर दो। लेकिन **मनुसंहिता** छापो, उस पर बन्दिश नहीं है लेकिन फालतू चीजें मत छापो। इस तरह वे हमें बतलाते चलते हैं कि भारत है क्या? उसकी मुहर १८१०-२० से लगना शुरू हो जाती है और शायद १९००तक अपने जो प्रतिष्ठित लोग हैं और जो सामाजिक जीवन में हैं, वे तो इसमें आ ही जाते हैं। हम पश्चिम के हिन्दुस्तान के संस्करण को हिन्दुस्तान मानने लगते हैं।

उदयन : वे लोग भी जो उस वक्त नेहरू आदि से बहुत सहमत नहीं थे, उनके लिए भी ये एक हद तक सच है, यानी उन्हें ये जरूर लग

रहा हो कि स्वतन्त्रता प्राप्ति और विभाजन के वक़्त लिया गया राजनैतिक स्टैण्ड भले ही गलत रहा हो लेकिन साभ्यतिक स्तर पर वह गलत नहीं था।

धर्मपाल : हाँ। सूरत से ऋग्वेद का हिन्दी में अनुवाद हुआ है। एक बड़े लेखक हैं, आर्यसमाजी हैं उन्होंने किया है। उसके पुरुष सूक्त का उन्होंने भाष्य किया है। उस भाष्य में दिखलाया है कि पुरुष सूक्त में सरकार के जिस तरह के विभाग निकलते हैं वे सब आ गये हैं। ये कोई विदेशी एजेण्ट नहीं हैं, देशभक्त आदमी होंगे। बड़ा नाम है। विशेष अंग्रेजी-वंग्रेजी कुछ नहीं जानते। लेकिन ये दिमाग में बैठ गया है। उन्हें लगता है कि जो पश्चिम की अच्छी-अच्छी चीजें हैं वो सब तो हमारे यहाँ थी ही। पश्चिमीकरण इस तरह से हो रहा था। साधारण जनता और उसके जीने के ढंग का ख्याल नहीं रहा, टेक्स्ट का ख्याल रहा और वो भी अंग्रेजों द्वारा चुने हुए। मेरा अपना ख्याल है कि भगवद्गीता भी अंग्रेजों से पहले ख़ास नहीं पढ़ी जाती थी। इसको इतना अधिक प्रतिष्ठित इन्होंने किया है।

उदयन : ऐसा क्यों लगता है आपको?

धर्मपाल : वह साधारण लोगों की चीजें नहीं हैं। वो विद्वानों और अध्येताओं की है। साधारण लोग जो पढ़ते होंगे वो पढ़ना कम हुआ होगा। मतलब भागवत वगैरह रही हैं लेकिन और बहुत सारी चीजें रही होंगी लेकिन कोई ये मालूम करे कि भारतीय क्या पढ़ते थे, क्या लिखते थे। उनकी एक-दूसरे से बातचीत क्या है १५०० या १६०० में। यह एक बड़ा काम होगा। इसमें से कुछ निकल आयेगा।

उदयन : लेकिन आपके खुद के काम में, जब आप शिक्षा-संस्थाओं के बारे में बता रहे हैं, उसमें आप कहते हैं कि व्याकरण पढ़ते हैं, शिल्प

पढ़ते हैं और गणित पढ़ते हैं, तो चीज़ें तो पढ़ते ही हैं।

धर्मपाल : हाँ, ये पढ़ते हैं लेकिन वे दुनिया देखते कैसे हैं? या एक-दूसरे को देखते कैसे हैं? आपसी सम्बन्ध कैसे हैं? रिश्ता क्या है उनका दूसरे मनुष्य से, सृष्टि से, दूसरे जीवों से, वो तो वहाँ नहीं है। वहाँ पश्चिमीकरण हुआ है। वो रिश्ते कुछ बदलते चले गये। हम अलग होते चले गये। गरीब भी हुए तो उसमें भी अलग होंगे ना क्योंकि समृद्ध लोग और गरीब लोगों का रिश्ता रहना थोड़ा मुश्किल होता है। जमींदार तालुकदारों के कुछ सम्बन्ध गरीबों से रहे होंगे कि उनकी प्रजा है, इसलिए उनकी खैर-खबर रखनी होती होगी, यह जमींदार पढ़ने भी स्कूल-कालेज नहीं गया है, अपने लोगों से पैसे भी लेता है, उन्हें पीटता भी होगा, उन्हें जानता होगा। जो लोग भी सार्वजनिक जीवन में हैं, उनको कुछ अपने लोगों के बारे में पता नहीं है। वे सार्वजनिक जीवन में आते नहीं। लेकिन बीसवीं सदी आते-आते ये सम्बन्ध टूटते चले गये होंगे। वे फ्रीडम के नाम पर टूटे होंगे। स्वतन्त्र होने के लिए, आधुनिक होने के लिए। कोटियाँ दूसरी आ गयीं ना। हमारी अपनी कोटियाँ चली गयी। जो लोग भी सार्वजनिक जीवन में हैं, उनको कुछ अपने लोगों के बारे में पता नहीं है। जिन्हें पता है वे सार्वजनिक जीवन में आते नहीं।

उदयन : इसलिए देर तक, शायद सन् पचास या इसके भी बाद तक यह अनुभव हो नहीं पा रहा है कि असल में हमसे बहुत मूलभूत ग़लत साभ्यतिक निर्णय हो गया है।

धर्मपाल : हमारे पढ़े-लिखे लोगों को लगता है कि हमारे देश के साधारण लोग तो कुछ करते नहीं हैं। वे बड़े व्यक्तिवादी हो गये हैं। ये पचास के दशक में कहा जाता है और जिन लोगों का हम सम्मान करते हैं, वे कहते हैं। उनके मन में कुछ दर्द भी होगा लोगों के लिए। लेकिन

साधारण लोगों से कोई पूछता नहीं कि करते क्या हो? ये मान्यता हो गयी कि कुछ करते ही नहीं होंगे। उसके कारण बताये जाते हैं कि कुछ बीमारी इन्हें हो गयी है। कुछ चोट लग गयी है। हमें कुछ ठीक करना चाहिए वगैरह-वगैरह। लेकिन ये कुछ करते होंगे, ये नहीं है। अब इसका अन्दाजा तो मुझे सन् ६० के करीब ही लगता है कि हमारे लोग कुछ करते हैं। यह अनुभव हमारे बड़े लोगों को नहीं है। महात्मा गांधी ने १९१७ में शायद गोधरा अपने एक बड़े राजनीतिक भाषण में और बाद में **हिन्द स्वराज** भूमिका में यह कहा। फिलहाल संसदीय स्वराज्य मिले तो ठीक है। यह बात हमारे दिमागों में फिक्स हो गयी। और बातें भी फिक्स हुई होंगी। अंग्रेजी ने जो-जो कहा और दोहराया कि तुम्हारे ग्रन्थों में ऐसा लिखा है, यह बस गया, अब इसको कौन काटे। मैंने जयप्रकाश जी को एक बार सब आँकड़े बताये। सन् ७० के करीब की बात है। उन्होंने उसके थोड़े दिन बाद या अगले दिन कहीं यह कह दिया। फिर बाद में किसी सभा में वे बोले कि हजारों बरस की दरिद्रता हमारे यहाँ है यानी उसके बाद वे फिर वापस वहीं आ गये। इसका कोई इलाज नहीं है। ये बड़ा मुश्किल होता है। जैसे ये है कि कोई कहे कि हमारे यहाँ छुआछूत बरसों से है, इसको कैसे काटें। कोई कहे कि बतलाओ तो सही यह कहाँ है तो वे कहेंगे कि **मनुस्मृति** में या कहीं और है। असल में क्या है यह नहीं कहते। ये पेरियार हैं न दक्षिण के। काफी बड़ी संख्या है, १४-१५ प्रतिशत हैं। पहले उतने नहीं रहे होंगे क्योंकि उनमें और लोगों को शामिल कर लिया गया। अठारहवीं शती में हिन्दू समाज तमिलनाडु और कर्नाटक में भी तीन भागों में बँटा हुआ है। एक तो उसमें ब्राह्मण वगैरह हैं और ब्राह्मणों के करीब के लोग हैं, उनकी संख्या ज्यादा नहीं है, वे मध्यस्थ माने जाते हैं और एक ग्रुप है, उसमें किसान है, वे राइट हैण्ड कास्ट माने जाते हैं। वो बड़ा ग्रुप है, इसमें स्थपति आ जाते हैं, एक

ग्रुप कारीगरों का आ जाता है। सबसे ज्यादा राइट हैण्ड कास्ट ग्रुप किसानों का करीब ८० प्रतिशत है। पेरियार उनके गार्डसमेन हैं। और चमार के स्तर की जो जाति है वो लेफ्ट हैण्ड कास्ट वालों के गार्डसमेन हैं। पेरियार अनाज का माप करते हैं। ज़मीन के झगड़ों का अन्तिम फैसला करते हैं। कुछ रिचुअल हैं उसमें। समाज में उनकी निर्णायक और सम्मानजनक भूमिका है। वे मन्दिर में जाते हैं, या नहीं जाते हैं वो तो अलग मुद्दा है और सोशल स्टेटस तो अलग है। उनमें से काफी लोग किसान हैं। लेकिन ब्राह्मण से उनका कोई सम्बन्ध नहीं है। ब्राह्मण उनसे काम भी नहीं लेता। उनका बीच की जातियों से सम्बन्ध है। तो इनके, पेरियारों के, सामाजिक स्तर को देखना पड़ेगा। अंग्रेज जब आये थे तब क्या था और उसके बाद में क्या हो गया। और जो भारत के रीति-रिवाज हैं उनको थोड़ा अलग रखा जाय। क्योंकि वो तो सामाजिक भूमिका और प्रतिष्ठा में मायने नहीं रखता। ब्राह्मण उनके हाथ का खाता है या नहीं खाता या कितना फासला उनके बीच में होना चाहिए वगैरह-वगैरह इससे फर्क नहीं पड़ता।

दक्षिण भारत ही नहीं, पूरे भारत में ही है कि जो लोग जहाँ रहते हैं, उनको वहाँ रहने का अधिकार है, कुछ लोग घर बनाते हैं, सबको नागरिकता का अधिकार, सिटीजनशिप राइट है। हमने उनकी सामाजिक स्थिति, उनकी आमदनी वगैदह देखना छोड़ दिया है। टेक्स्ट में पड़ गये। वास्तव में क्या हो रहा है वह नहीं मालूम हमारे नेतागणों को। ग्रामीण पृष्ठभूमि के जो लोग कांग्रेस में आये होंगे उन्हें अन्दाजा होगा। मसलन जब हिन्दू कोड बिल पर बहस हो रही है जिसमें कहा जा रहा है कि ऐसा तो नहीं है यहाँ, ये अधिकार नहीं है, वो अधिकार नहीं है, तलाक की बात चल रही है। इस पर एक दक्षिण भारत वाले प्रतिनिधि ने कहा कि हमारे समाज में तो ऐसा-ऐसा है। इस पर एक बिहार या कहीं का आदमी

बोला कि आपके यहाँ होगा पर भारत में ऐसा नहीं है। क्योंकि भारत में एक स्टैण्डर्ड है, वह हमें मालूम है, तुम्हें क्या मालूम? विभिन्न जातियों में बड़ी संख्या में तलाक आदि आज भी है--और वह हजार वर्ष से है या कब से है। इसका प्रचार नहीं होता। लेकिन जो उन समूहों में रहते हैं, उन्हें मालूम है। यह किसी टेक्स्ट बुक में नहीं है। अगर इसे टेक्स्ट बुक के सहारे हम समझने की कोशिश करें तो मुश्किल होगा। ये समाज चलता कैसे होगा, इससे हमारा परिचय टूटा है। विद्या और अधिकार वाले लोगों का, अंग्रेजों के आने से पहले अपने समाज से सम्बन्ध रहा होगा, साथ में खाना-पीना न भी होता हो, पर बात होती होगी। वह टूट गया। बाद में यह हुआ होगा कि लोगों को लगा होगा। व्यक्तिगत तौर पर क्या जानना, किताब में तो सब लिखा हुआ है, वही जान लो। इस तरह पढ़े-लिखे आदमी से वास्तविकता छूट गयी। फिर वास्तविकता को कैसे भी चित्रित किया ही जा सकता है।

उदयन : तो फिर ये पचास के बाद आप लोग....

धर्मपाल : पचास के बाद मैं कुछ दिन ऋषिकेश में रहा। कोआपरेटिव-जैसा एक गाँव बनाया लेकिन कुछ खास चला नहीं। गाँव है अभी भी। उसके बाद इंग्लैण्ड चला गया। मेरी पत्नी इंग्लैण्ड की थी। उसके बाद ऐसा लगा कि इंग्लैण्ड भी कोई रहने की जगह है तो वापस आ गया होऊँगा। सन ५७ में वापस आ गया। उसके बाद अवार्ड करके एक संस्था बनायी। सन ६० के करीब से यह लगने लगा कि हम अपने समाज के बारे में जानते नहीं है। उस वक्त मैं बराबर हिन्दुस्तान में रहा। सन ५७ से लेकर ६५ तक और घूमा भी काफी। उसी दौरान ६४-६५ में कुछ रेकार्ड वगैरह मिल गया मद्रास में। पुराना, अंग्रेजों का रेकॉर्ड करीब १८००का। कुछ रिपोर्ट वगैरह। उसमें कुछ यह मिला कि गाँव

कैसे होते थे। समुदायम गाँव होते थे। तीन तरह के गाँव होते थे। एक भोगम गाँव है मतलब जिसका मालिक एक ही है। मालिक कोई संस्था-वंस्था होगी, आमतौर पर कोई मठ होगा, मन्दिर होगा। दूसरा समुदायम गाँव है जिसमें सबकी इकट्ठी जमीन है और इसमें लोग अपनी जमीन आपस में बदलते भी हैं। तीसरा दोनों का मिश्रित गाँव है। ३० प्रतिशत के करीब समुदायम है, मुझे लगा इस बारे में यहाँ तो किसी को पता ही नहीं। पूछा तो किसी ने कहा कि योजना आयोग में भू-सुधार के कमिश्नर हैं, उन्हें मालूम होना चाहिए। वो सबसे ज्यादा जानते होंगे। उनके पास गये तो उन्होंने कहा कि फलाँ किताब में तो लिखा ही नहीं है। उसमें नहीं है तो नहीं होगा। सन् १८९० में अंग्रेजों की भूमि-सुधार पर लिखी-किताब है, उसमें नहीं है तो नहीं होगा। या फिर ये पढ़ा कि १७९० से १८०० में अंग्रेजों ने भूमि कर लगाया। मद्रास में वह उपज का पचास प्रतिशत लगाया। यह १८१२ की एक रिपोर्ट में है, हाउस ऑफ कामन्स कमिटी की। हमारे मित्र हैं आर.के.पाटिल मैंने उनसे कहा तो उन्होंने कहा कि ये सम्भव नहीं है। हो ही नहीं सकता। तो वो किताब किसी तरह मद्रास से नागपुर ले गया। दिखाया। नहीं माने। कई महीने लगे उन्हें। उसके बाद जाकर बोले कि हाँ यह ठीक है। तो और मित्रों से, इतिहासकारों से पूछा कि क्या आपको मालूम है, तो लोग बोले नहीं हमें तो नहीं मालूम, शायद जवाहर लाल नेहरू जी को मालूम हो। क्या हुआ देश में, कैसे हुआ इसका अन्दाजा नहीं है।

उदयन : मैं ये सोच रहा था कि ६०-६४ के इन समय को हम हिन्दी साहित्य में मोहभंग का समय कहते हैं...।

धर्मपाल : और लोगों के लिए था या नहीं लेकिन अपने लिए तो था। अपनी स्थिति ऐसी थी और मैं इस तरह के काम कर रहा था। गाँव

जा रहा था इसलिए मुझे ऐसा लगने लगा। हम राजस्थान के पंचायत राज्य का अध्ययन करने गये। सवाई माधोपुर जिले में। वहाँ एक ब्लॉक में बी.डी.ओ. के दफ्तर में बैठे थे तो बात हो रही थी। मेरी आदत थी प्रोसिडिंग बुक वगैरह देखने की, उसमें कुछ तालाबों का जिक्र आया। मैंने कहा कि आपकी कार्यवाही में तो इनकी मरम्मत का जिक्र नहीं है। उन्होंने कहा कि हाँ, नहीं है। मैंने कहा कि मरम्मत वगैरह कौन करते हैं। उन्होंने कहा कि हम करते हैं। मैंने कहा, हम कौन, पंचायत न। उन्होंने कहा कि हम यानी जिनके खेतों में पानी जाता है। मैंने पूछा पंचायत क्यों नहीं करती। वे लोग बोले कि वह उसका काम नहीं है। पंचायत का काम तो विकास है। विकास वह है जो सरकार हमें करने को कहे। उन लोगों के अपने फैसले बीस-बिसवा पंचायत करती है क्योंकि वह उनकी अपनी है और उसमें गाँव के सभी तरह के लोगों के प्रतिनिधि हैं और उसमें बैठकर वे सब करते हैं। यह सरकारी पंचायत उनकी अपनी नहीं है। इसलिए यह देश भी उनका नहीं है उनके मन में, भारतीय हैं ठीक है लेकिन इसमें उनकी कोई हिस्सेदारी नहीं है। कुछ उनका नहीं है, लेकिन काम चलाना है। चलाते हैं। ऐसा नहीं है कि निठल्ले पड़े हुए हैं जो हमने मान लिया। ठीक है दुनिया सिमट गयी है। उन्होंने किसी और स्तर पर अपने लिए रास्ते खोल लिए होंगे और इस तरह अपनी भौतिक कमी को पूरा कर लेते होंगे किसी तरह और इसे हम पहचानते नहीं हैं...।

उदयन : इस सम्बन्ध में कुछ और...

धर्मपाल : हमारे यहाँ जमीन के अधिकारों में यह प्रावधान रहा है कि अगर कोई घर छोड़कर चला जाय और चार पीढ़ियों बाद भी आ जाय तो उसको ये सब वापस मिल जाना चाहिए है।

उदयन : ये प्रावधान पूरे हिन्दुस्तान में रहा है....

धर्मपाल : दक्षिण में तो है। उत्तर में भी रहा होगा। सब जगह रहा होगा।

उदयन : इसके आँकड़े उपलब्ध हैं?

धर्मपाल : मतलब स्टेटमेण्टस हैं...।

उदयन : क्या इसके आसपास की भी कोई बात यूरोप में कभी रही?

धर्मपाल : पहले कभी रही होगी। प्री-क्रिश्चियन (ईसाई पूर्व) यूरोप में हो सकता है। लेकिन प्री-क्रिश्चियन यूरोप के बारे में तो बहुत मालूम नहीं है। तब की संस्थाओं को नष्ट किया गया। जब से (ईसाई पूर्व) यूरोप को जीता गया। रोमन काल से। मेजर कंक्वेस्ट रोम का ही है। मार्क्स का कहना है न पहले प्रीमिटिव कम्युनिज्म होता था फिर स्लेवरी होती थी, फिर फ्यूडलिज्म और उसके बाद कैपिटलिज्म होता है और अन्त में कम्युनिज्म। (यूरोप के सन्दर्भ में) आदि समाज तो असंगठित समाज है, पेगन है, प्री-क्रिश्चियन है, इत्यादि। स्लेव सोसायटी (दास समाज) में कोई खरीदे हुए स्लेव नहीं हैं। ये विजित लोग हैं। इसमें इन राजनैतिक तत्वों की बात नहीं की जाती कि कांक्वेस्ट (विजय) की राजनीति से यूरोपियन समाज बना है। उसमें इकोनॉमिक्स और टैक्नोलॉजी की बात ज़्यादा करना चाहते हैं--लेकिन उसमें शक्ति नहीं जोड़ना चाहते जो उसका मूल रहा है। मुद्दा यह है। इस शुरू के काल में यूरोप विजित भूमि है। उसका ये विजेता जब कमजोर पड़ता है तो उसके सिपहसालारों का उससे झगड़ा होता होगा तो बिखराव आता है, उसमें से सामन्तवाद आता है, और बिखराव और केन्द्रितावाद आते-जाते रहते हैं। यहाँ एक किताब पड़ी है *'हिस्ट्री ऑफ प्राइवेट लाइव्स'*। उसमें ज़्यादातर फ्रांस का है लेकिन बाकी यूरोप के बारे में भी है। इसमें ये है कि अर्ली पीरियड

में राजा को यह अधिकार होता है कि वह बाकी सबकी जान ले ले। रोमन काल की बात है। यह ईसा के बाद की पहली शती से शुरू होता है। घर मालिक को सारे अधिकार हैं।

उदयन : जिसका अर्थ यह भी है कि राजसत्ता का प्रमुख अपनी प्रजा को मार सकता है। इन एबसॉल्यूट राइट्स या सम्पूर्ण अधिकारों की कोई परम्परा हिन्दुस्तान में कभी रही है?

धर्मपाल : मेरे ख्याल से तो नहीं। किसी भी ग्रन्थ में रामायण में, महाभारत में इसकी परम्परा नहीं मिलती। कहीं कोई ग्रन्थ मिल जाये तो कह नहीं सकते। शम्बूक वध की बात ज़रूर है। शम्बूक से सवाल हुआ कि क्या कर रहे हो, वो तो सशरीर बैकुण्ठ जाने के लिए तप कर रहा था, फिर वह कहता है कि मैं ब्राह्मण, क्षत्रिय नहीं हूँ, फिर उसने कहा मैं शूद्र हूँ लेकिन वह पूरा शब्द भी नहीं कहा है कि मार दिया, यह हो सकता है कि इसमें किसी तरह की अन्योक्ति हो, बाकी मुझे ऐसा कुछ नहीं दिखता।

उदयन : खुद आप इसकी कैसे व्याख्या करते हैं?

धर्मपाल : ऋग्वेद का पुरुष सूक्त है। उसमें ये है कि ब्रह्मा ने ब्राह्मण को मुँह से बनाया और शूद्र को भी बनाया आदि-आदि। उसमें कुछ ऐसा लगता है कि जैसे सब एक साथ हो गया हो। उसमें कुछ समय नहीं लगा। पुराणों में कुछ दूसरी कहानी है। उसके अनुसार पहले युग में तो खाली ब्राह्मण ही हैं। एक ही वर्ण है और एक ही वेद है। यह कृत युग है। कृत युग में झगड़े बहुत होते हैं आपस में, मधु को लेकर। मधु मिलता रहता है। कुछ लोगों को ये हुआ कि कुछ इकट्ठा करके रख लो हर वक्त क्या लेना? तो उसकी कमी हो जाती है तो उसी तरह की चीजों को लेकर झगड़े होते होंगे। उसका अन्त जब होता है और नया युग

जब आता है तो उन्हें कहा जाता है कि भई एक राजा बना लो जो व्यवस्था रखेगा, नहीं तो चलेगा नहीं, तो क्षत्रिय आते हैं। बाकी नहीं आते। फिर ये होता है कि खाने-पीने की सामग्री मधु वगैरह खत्म होने लगते हैं तो फिर ये है कि अन्न पैदा करना पड़ेगा। तो वैश्य आता है। फिर ये है कि ठण्ड बढ़ने लगती है तो फिर विश्वकर्मा लोगों से कहा जाता है कि घर बनाओ तो शूद्र आते हैं, कारीगरों का वर्ग आता है। ये प्रक्रिया है। चार वेद तो द्वापर में बनते हैं, वेदव्यास बनाते हैं। ये क्रम तो कुछ तार्किक-सा ही दिखता है। जो सिद्धान्त इसमें से निकलेगा वो ये है कि जब ज्यादा ज्ञान या विभाजन आदि नहीं था, वही अच्छा था। बाद में तो सब पतन हो रहा है। यह पश्चिम के विकास के सिद्धान्त से बिल्कुल विपरीत है। यहाँ एक युग से दूसरा युग विकास नहीं, पतन है। बीच-बीच में यह रुक जाता होगा, जब अवतार आते होंगे। कोशिश करते होंगे, लेकिन पतन रुकता नहीं होगा। ऐसा मैं समझता हूँ। पुराणों को इसी तरह से बनाया गया है, वे हिन्दुस्तानी मानस को ही अभिव्यक्त करते हैं, उनके देखने के तरीके को। तमाम पुराणों की शैली तकरीबन एक ही है। उनमें कोई फर्क नहीं है। उसमें से कुछ ऐसा मॉडल बनता है कि यह सब नीचे की ओर जा रहा है लेकिन इसमें सम्पूर्णता रहती है। आत्म-बोध की सम्भावना कायम रहती है।

उदयन : आत्म-बोध की सम्भावना हर युग में बनी रहती है, कम से कम इस सन्दर्भ में हर युग समान है...

धर्मपाल : मेरे ख्याल से कृत युग में जो होगा, वही द्वापर में भी है। वही कलियुग में। आपने पढ़ा होगा—विष्णु पुराण में कि व्यास क्या कह रहे हैं। व्यास जी से मिलने कुछ ऋषि लोग आये हैं और वे नदी में स्नान कर रहे हैं। ऋषि लोग वहाँ पहुँचते हैं तो देखते हैं कि वे कूद रहे

हैं, नाच रहे हैं और कह रहे हैं कि कलियुग की जय हो! शूद्रों की जय हो! स्त्रियों की जय हो! फिर वे इसकी व्याख्या करते हैं कि कलि-युग इनके लिए बहुत अच्छा है। इसमें कम तप करने से ही सब मिल जाता है, ऐसा पहले के युगों में नहीं होता था। मतलब ये कि ये जीव अपने आप में किसी भी युग में खास कमतर नहीं है पहले के युग से।

उदयन : फिर फर्क क्या हुआ है?

धर्मपाल : फर्क ये है कि एक युग से दूसरे युग में आने में क्षरण हो रहा है। स्वयं युग का क्षरण हो रहा है। इस तरह की मान्यता वाले ये लोग हैं। वे दुःखी दिखना नहीं चाहते।

उदयन : आपकी पुस्तकें पढ़ते हुए मुझे तो ऐसा लग रहा था कि जो भी हिन्दुस्तान के लोगों का अनुभव-तन्त्र रहा है जिसके सहारे वे स्वयं को और संसार को अनुभव करते हैं और व्यक्त करते हैं, वह पश्चिमी परम्पराओं से अलग रहा है और यहाँ अपनी जीवन परम्पराओं को ही चलाने का सवाल नहीं है, समाज को व्यवस्थित करने का ही सवाल नहीं है, समझना यह है कि जीवन, जगत, मृत्यु और ईश्वर को अनुभव करने का जो तन्त्र है वो यहाँ इतना भिन्न रहा है अवधारणाओं में जीते हैं, उन्हें वह पारम्परिक अनुभव तन्त्र अजनबी लगता है। हम उसको कुछ न कुछ नाम देने की तो कोशिश करेंगे ही न अपने फ्रेमवर्क में तो फिर हम उसको अन्धविश्वास आदि कहने लगते हैं। क्योंकि हम उस परम्परा की अवहेलना करके ही उस तन्त्र को बचा सकते हैं जिस तन्त्र में हम तथाकथित आधुनिक लोग जी रहे हैं। अवहेलना हम पढ़े-लिखे लोगों के सेल्फ प्रिजर्वेशन का भी तो एक साधन है। आपकी पुस्तकों में वर्णित १८ वीं, १९ वीं शती के हिन्दुस्तान में यह सम्बन्ध बचा हुआ नजर आता है, शिक्षा की परम्पराएँ हैं और बहुत सारी पारम्परिक संस्थाएँ हैं, उनको

अंग्रेज संस्थाएँ काटती चली जा रही हैं और १९ वीं शताब्दी के अन्त तक आते-आते शायद ये काटना पूरा हो जाता है। फिर हम पढ़े-लिखे लोग हिन्दुस्तान के सामान्य लोगों के अनुभव-तन्त्र को मिथकीय आदि कह कर पुकारने लगते हैं। फिर ये सारे शब्द आते हैं शायद, नॉन-हिस्टोरिकल, नॉन साइंटिफिक, नॉन ट्रुथफुल आदि। और उसको हम आज तक चलाये चले जाते हैं, अपने अध्ययन केन्द्रों में भी और उसी रूप में हम अपने पूरे देश को देखते चले जाते हैं। ऐसा कुछ लगता है।

धर्मपाल : सही ही है जो आप कह रहे हैं...। सभी तरह के लोग सभी तरह के बचाव करने की कोशिश तो करते ही होंगे। ये जो जीवित संसार है इसमें ऐसा कुछ इनबिल्ट अपने में तो होगा ही कि वो बचा रहे, उसका विनाश आसानी से नहीं हो। जब होता है तो हो जाता होगा लेकिन उनमें कुछ संरक्षण प्रविधियाँ अपने आप होंगी। यह पशु-पक्षियों में भी होता होगा, मनुष्य में भी होता होगा, समाज में भी रीति-रिवाजों में होता होगा। जो भी निर्मित होता होगा उसके बनने में ही यह संरक्षण की रीति आ ही जाती होगी और एक समझ होती होगी। उसके निर्मित सिद्धान्त ही कुछ इस तरह के होते होंगे।

उदयन : कि वो बनेंगे ही इस तरह कि वे बचे रह सकें।

धर्मपाल : हाँ। वो कुछ वैसे बनेंगे कि जितना हो सके अपना बीच-बचाव करते रहेंगे लेकिन कोई बाहरी चीज़ हस्तेक्षप कर जाए तो टूटते होंगे। मतलब किन्हीं तन्त्रों में अप्रत्याशित का इन्तजाम नहीं होता होगा हालाँकि अगर समय है तो अप्रत्याशित से भी निकलने की कोशिश करते होंगे। अमेरिकन जनसंख्या का जब पश्चिमी लोग वहाँ गये नौ से ग्यारह करोड़ का अनुमान है। १९६६ में ४०-५० विद्वानों ने यह अनुमान किया है। और जिन विद्वानों ने उस पर काम किया है उनका

मानना है कि शायद यह संख्या इससे भी ज्यादा ही है। उस वक्त कुल यूरोप की आबादी ६-७ करोड़ है। ये पश्चिमी लोग जाते हैं वहाँ और शायद पचासेक बरस में एक तिहाई लोग मारे जाते हैं। लड़ाई और यूरोपीय बीमारियों में। उनके पास उन बीमारियों के लिए प्रतिरोध नहीं है। बाकी बाद में मरते हैं। कुछ को जान-बूझकर कम्बल बाँटकर उनमें बैक्टिरिया और चेचक का वायरस वगैरह दिया जाता हैं। इस तरह के आँकड़े हैं। वहाँ के स्थानीय लोग मोटे तौर पर इन यूरोपीयों का प्रतिरोध नहीं कर पाते हैं। कुछ भी यूरोप से वहाँ गया है, वह उनके लिए इतना पराया है कि वे उसे सँभाल नहीं पाते। यानि जो लोग अमेरिका जाते हैं, वे संहारक हैं। मतलब यूरोपीयन सिविलाइजेशन इज ए किलर, मार पाते हैं या नहीं अलग बात है। उसकी प्रवृत्ति संहार की है, जो उसे नहीं चाहिए उसे बरबाद कर देने की। बिब्लिकल बात भी यही है कि जो भगवान ने बनाया इसलिए बनाया कि मनुष्य उसकी परवरिश करेगा। तो परवरिश करने में सभी आ जाता है न। उसकी परवरिश के लिए जो-जो जरूरी है, वो करना। फिर यूरोपियों का कठिन जीवनानुभव भी वैसा ही है। उसी जीवनानुभव के आधार पर वे काम करते हैं। हर वक्त तो नहीं सोचते रहते हैं, मुश्किल होता है। ऑपरेटिंग सिद्धान्त वगैरह कुछ होंगे। तो ये है कि मारो। भिन्न चीज़ों का मिलना उन्हें खतरनाक लगता है, वह सब जिनकी पहचान नहीं हो।

उदयन : फिर इस्लाम का हिन्दुस्तान में आना है, उससे यह सब क्यों नहीं होता शायद इसलिए क्योंकि यहाँ नैरन्तर्य है। हिन्दुस्तान और अरब की दुनिया का गहरा ताल्लुक रहा है और एक दूसरे से थोड़ा परिचय भी है उसके आने से पहले।

धर्मपाल : उन्हें आता नहीं है। उनमें सांगठनिक कौशल बहुत

कम है। शुरू में जो विजय है, उसमें खासा संहार हुआ है, सौ-एक बरस में, स्पेन वगैरह में। उसके बाद तो कम होगा, जहाँ-जहाँ राज्य करते जाते होंगे तो राज्य को कायम रखने के लिए जितनी कीलिंग की जरूरत होती है, उतना करते होंगे। लेकिन हिन्दुस्तान में इस्लाम को शायद दूसरी तरह से समझना पड़ेगा। हम लोग उसके बारे में जानते नहीं हैं। उसमें अनुमान बहुत हैं। जैसे गाय मारने का है मेरा अपना ख्याल है कि शायद मुसलमानों की तरफ से तो ये संकेतात्मक ही है। इन्हें गाय से बहुत प्यार-व्यार है तो इसलिए इन्हें मारो लेकिन हर वक्त मारने की बात नहीं है और वे गाय खाने वाले लोग नहीं हैं। अरब-तुर्कों का खाना भेड़-बकरी-ऊँट है। गाय नहीं है। गाय तो यूरोप वालों का खाना है। इसलिए उन्हें उसका स्वाद हो, ये सवाल तो उठता नहीं है। अभी भी अगर बड़ी जाँच की जाये, मुसलमानों से पूछा जाये कि भई गाय खाते हो क्या? तो ज्यादातर यही कहेंगे कि नहीं खाते। शायद कुछ को गाय काटते-काटते खाने की आदत पड़ गयी हो या गरीबी की वजह से आदत पड़ गयी हो क्योंकि गाय का मांस सस्ता होता है लेकिन बड़े पैमाने पर गाय की हत्याएँ तो यूरोपीयन समय में ही हुई हैं। मेरे ख्याल से १७०० के करीब औरंग़ज़ेब के मरने के समय कोई गाय-वाय नहीं मारी जाती थी।

ये तो अंग्रेजों के आने के बाद का है। पहले अंग्रेजों को गाय खाने के लिए चाहिए थी फिर बाद में हयूमिलिएट करने के लिए चाहिए थी। इसके लिए उन्हें मारने वाले चाहिए तो मुसलमानों में से भर्ती होते होंगे। हिन्दुओं में से भी हो सकते हैं। फिर वहाँ जो काटता होगा, जो मांस बचता होगा वही ग़रीब मुसलमान या हरिजनों को बिकता होगा थोड़ा या दे दिया जाता होगा। आदत पड़ गयी होगी। अंग्रेजों की फ़ौज १८५०-५५ तक ४०-५० हज़ार है और इनके और लोग डेढ़-दो लाख होंगे। १८५७ के बाद वह फौज एक लाख हो जाती है और इनकी हिन्दुस्तानी

फौज है जो चार-पाँच लाख हो गयी थी, उसको दो लाख कर दिया जाता है। बहुत से मर गये होंगे। कत्ल हुए होंगे। और उसी हिसाब से अंग्रेजों की सिविलियन आबादी भी बढ़ी होगी। ज्यादा डिस्टर्बेन्स उत्तर भारत में ही हुआ है तो यहाँ फौज की मौजूदगी ज्यादा हुई होगी। मान लीजिए पहले २० हजार अंग्रेज सिपाही रहे होंगे तो अब ७०-८० हजार हो गये होंगे। ज्यादा गो-मांस की जरूरत पड़ी होगी। शायद उसके खिलाफ गोहत्या-विरोधी आन्दोलन हुआ है जो १८८० से बढ़ा है। उससे पहले सिखों में कूका लोग हैं, उन्होंने गाय मारने के खिलाफ कुछ किया है और मारे भी गये हैं। दक्षिण में उतना नहीं हुआ है लेकिन दक्षिण के संन्यासी उत्तर में गाय के लिए घूम रहे हैं। और इसमें सभी लोग शामिल हैं--यहाँ के राजा और वे लोग जो सरकार में नौकरी करते हैं। तब की खुफिया रिपोर्ट में ५-७ हजार पन्नों के आँकड़े हैं।

उदयन : देखी है आपने...इण्डिया ऑफिस लाइब्रेरी में, लन्दन में?

धर्मपाल : कुछ देखा है। यहाँ भी कुछ मिल जायेगा लेकिन किसी ने कुछ काम नहीं किया है। आई.बी. का पूर्ववर्ती विभाग है ठगी एण्ड डकैती डिपार्टमेण्ट। १८४० में शुरू किया गया है। नाम ये दिया है लेकिन वो राजनैतिक जासूसी का विभाग है। उसके कागजात आसानी से मिलते नहीं है। उसको सबको देखा जाना चाहिए। उसमें और भी चीज़ें मिल जायेगी। क्योंकि बहुत सारे तरीके इस्तेमाल हुए होंगे ना। उसमें यही है कि मुसलमान शायद गाय को मारने के बहुत पक्ष में है नहीं। अंग्रेजों को शायद ये लगता है कि इन्हें पक्ष में रहना चाहिए। कहीं-कहीं मुसलमान कहते हैं कि अगर हिन्दुओं को खराब लगता है तो हमें बन्द कर देना चाहिए। तो उसके बाद आखिरकार १८९४ में दंगे वगैरह होते

हैं। हिन्दु-मुसलमान दंगे शुरू होते हैं। जब अंग्रेज घबड़ाने ज्यादा लगते हैं। इससे वह गो-हत्या विरोधी आन्दोलन दब जाता है।

उस दृष्टि से मुसलमानों के आने के बाद यहाँ की राजनीतिक व्यवस्था कमज़ोर होने लगती है। राजनीतिक व्यवस्था और समाज के सम्बन्धों को तोड़ देते हैं, खासतौर उत्तर भारत में राज्य के नियम समाज के नियम नहीं रह जाते हैं। तेरहवीं-चौदहवी शताब्दी से ही यह शुरू हो जाता है और धीरे-धीरे यह टूटन बढ़ती है। समाज और राज्य तो साथ-साथ चलते हैं जैसे संयुक्त परिवार साथ चलता है। इससे सम्बन्ध टूट जाता है। मुसलमानी राज्य को भी घबड़ाहट होती होगी। समाज भी अलग है। गरीबी भी होती है। लूटमार भी ज्यादा होती है लेकिन तब भी यह समाज टूटता नहीं है। इसका ताना-बाना चलता रहता है। औरंगजेब के मरने के बाद उसको फिर से बनाने का शायद मौका है।

यूरोप वाले ज्यादा तेज हैं। फिर यहाँ वाले कुछ लोगों ने ये भी समझा होगा कि ये हमारा बचाव करेंगे। तो हम फँस गये। राजनीति की पहचान शायद हमारी चली गयी है, मुसलमानों के राज्य के कायम होने पर और वो अभी तक तो नहीं आयी है।

उदयन : क्या तब से ही यह समाज का एक तरह से राजनीति-विमुख हो गया....

धर्मपाल : हाँ। हर्षवर्धन के बारे में कहा जाता है कि वो हर दो-चार साल में या कुम्भ के अवसर पर उसके पास जो कुछ भी होता था, सब दे देता था।

उदयन : खजाना खाली कर देता था..।

धर्मपाल : हाँ। कपड़ा भी नहीं रहता था। कपड़ा भी बहन से

माँगकर पहनना पड़ता था। यह एक संकेत है, उस समय राज्य और समाज के अन्तर्सम्बन्ध का। केदारनाथ का एक डाक्यूमेण्ट है। उनको नेपाल राज्य ने कुछ ताल्लुक वगैरह दिये हुए हैं। मन्दिर की देखभाल और मन्दिर में जो यात्री आते हैं, उनकी देखभाल के लिए दिया है। रिकार्ड १८०० के करीब का है लेकिन होगा पहले का। सारा डिटेल है कि यात्री को कितना मिलेगा। फिर कहा है कि इसमें से कुछ बच जाय तो कुम्भ में खर्च कर देना चाहिए।

उदयन : कुम्भ के अवसर जितना भी इकट्ठा धन है या जितना बचा हुआ धन है, उसे खर्च कर देना है।

धर्मपाल : हाँ। तो ये यहाँ की मान्यता है, परिवारों में भी होगी। तो वो एक सिद्धान्त है हिन्दुस्तानी राजनैतिक प्रणाली का। देश में १०-१२ जगह कुम्भ होते हैं, इनका कोई अध्ययन करे कि इनमें होता क्या है? मुख्य चीज़ें क्या हैं इनमें। लोग तो आते हैं लेकिन और क्या-क्या होता है। उसमें से निकलेगा कि शायद ये एक से ही हैं सब, जो उत्तर में होता है वही दक्षिण में होता है। केदारनाथ में तीर्थयात्रियों को तीन दिन तक खाना खिलाने का प्रावधान है, यही प्रावधान तंजौर में भी है। तंजौर में क्षत्रम है। यात्रियों के ठहरने के लिए तीन दिन ठहर सकते हैं। डाक्यूमेण्ट है, उसके राजा का अंग्रेजों को भेजा हुआ कि ये क्षत्रम है आप लोग इसे बनाये रखेंगे। ऐसा हम मानते हैं। उसमें फिर यह कह रहे हैं कि इसमें जाति-वाति का हिसाब नहीं है, जिनको कच्चा खाना चाहिए उनको कच्चा खाना मिलता है जिनको पक्का खाना चाहिए उनको पक्का। कोई बीमार हो जाय तो तीन दिन से ज्यादा ठहर सकता है। उनमें से अगर कोई बच्चा हो और बड़े वहाँ मर जाते हैं तो उन बच्चों का पालन वहाँ १८ साल की उम्र तक होता है। तो ये इस तरह का समाज है और

मेरे ख्याल से मुसलमानों के जमाने में भी कुछ इस तरह का ही रहा होगा।

मुसलमान राजाओं के कुछ सिर्फ़ खाने-पीने के बही-खाते मिलते हैं कि खाना खिलाया गया इतने लोगों को। तो मैंने कहा कि वो खाने का ही खर्चा रहा होगा और कुछ रहा-वहा नहीं होगा। जब खाना होता होगा तो कपड़ा भी होता होगा, रहना भी। लेकिन धीरे-धीरे व्यक्ति के लिए राजनैतिक स्वतन्त्रता नहीं रही होगी। बँध गया होगा। या उसे लगने लगा होगा कि वह बँध गया है, तब समाज और राजनैतिक व्यवस्था में असन्तुलन हुआ होगा, और बाहरी ताकतों ने इस असन्तुलन को बढ़ाया होगा क्योंकि इसी रास्ते बाहरी ताकतें राजनैतिक शक्ति ले लेती है। पराया प्रभुत्व यही करता है। आपके पास अपने जीवन को अपनी तरह से चलाने की पहल करने की प्रेरणा जाती रहती है। उससे निकलने का एक तरीका यह होता है कि लड़-भिड़कर स्थिति को बदले। लेकिन भारतीय आदमी की मुश्किल दूसरी भी है। उसके सामने आज भी ऐसे सवाल उठते हैं, पहले भी उठते होंगे कि कोई कहे कि मैं यह कर रहा हूँ तो पूछेंगे, ये क्यों कर रहे हो? क्या उससे तुम सुखी होगे। तो वो कहेगा, शायद हाँ तो वे दोबारा पूछेंगे कि पूरी तरह से होगे। लेकिन पूरी तरह से सुखी होना क्या होता है? फिर कहेंगे तो काहे को कर रहे हो--और इस उस ओर जाने के आपके रास्ते को रोकने की कोशिश की जायेगी। ये बढ़ता चला गया होगा। पिछले दो सौ बरसों से। वैसे ये रहा होगा पिछले हज़ार बरसों से। लेकिन यह असन्तुलन बड़े पैमाने पर हाल में ही सामने आया होगा।

उदयन : आप कह रहे थे कि लगभग सन ६० तक आप सब लोगों को यह अहसास तक नहीं था कि देश गलत दिशा ले रहा था।

वो दिशा गलत थी या सही, यह पचास के दौर में तो पता भी नहीं लग रहा है, अंग्रेजी शिक्षा और मानस के पश्चिमीकरण के कारण।

धर्मपाल : मेरे ख्याल से संसद वगैरह में विवाद सन् ५५-५६ के बाद शुरू हुए होंगे। उससे पहले नहीं हैं। बहुत से कारण रहे होंगे। सन ५०-५५ में हमारे यहाँ हुकुमत करने वाले राजनैतिक समूह की विश्वसनीयता में भी कमी आयी होगी। उसके आत्मविश्वास में कमी आयी होगी। फिर ये चीन वाला किस्सा हुआ होगा। हम तो ये कह रहे थे कि वी वेयर बिकमिंग ए ब्रिज जिससे संसार में झगड़ा करने वाली पार्टियों में लड़ाई नहीं हो, हम सुलह करवाएँगे वगैरह-वगैरह। उसकी भी जरूरत नहीं रही शायद सन् ५३ के बाद। कोई भूमिका नहीं रही। जैसे हम सोचते थे कि हम चीन के लिए लड़ेंगे। उनको यू.एन. में लाना चाहिए। उसका अनुभव ये रहा होगा कि हमारी उतनी भूमिका नहीं है जितनी हम मानते थे। हमारे अन्दाजे अपने बारे में जरा ऊँचे थे। सभी के होते हैं। सन ५८ के बाद शायद लगा कि हम कमजोर बहुत हैं। फिर दलाई लामा आ गये। फिर कुछ शोर मचा होगा। कुछ गरीबी ज्यादा दिखायी दी होगी। सन् ५७-६४ तक मैं दिल्ली में ही था। कुछ बड़े लोगों से भी मिलना होता था यानी कुछ सरकार के सचिवों से। उनसे बात करने पर वे कहते थे कि तुम क्या कह रहे हो--इतनी ही नहीं, इससे दस गुना खराब हालत है।

कहा तो यह जाता था कि हिन्दुस्तान अब 'टेक आफ' स्थिति में पहुँच गया है, यह अमरीकी अर्थशास्त्री रोस्टोव की बात थी जिसने घोषणा की थी कि भारत 'टेक आफ' स्थिति में पहुँच गया है। वो सब हुआ नहीं। अब गिर पड़े। तो अब बात करने लगे कि गांधी का रास्ता ठीक रहा होगा या इसी तरह की बातें। यानी यह जो बनावटी या

वास्तविक आत्मविश्वास था, वह सन ६० के आते-आते ढह गया। कम से कम व्यवस्था के भीतर आत्मविश्वास तो ढह गया लगता था। मैं अपनी बात कह रह हूँ। उन दिनों मैं इसमें थोड़ा ज्यादा सक्रिय था। लोगों से मिलने-विलने जाता था। अवार्ड में आ गया, ये एक फेडरेशन-सा है--स्वयंसेवी संगठन इसके अधिक सदस्य नहीं थे लेकिन लगभग सभी प्रदेशों में थे। उनके यहाँ भी जाता था। और दूसरी जगहों में भी जाता था। इसी दौरान पंचायतों का अध्ययन किया गया। इससे सम्पर्क बढ़ा होगा। फिर मैं उलटे सवाल पूछता था, उलटे सवाल पूछने में कुछ निकलता है। आमतौर से ये पूछे नहीं जाते। एक तो ये होगा कि ऐसे सवाल पूछे नहीं जाते दूसरा ऐसे सवाल सूझते ही नहीं होंगे क्योंकि आपने मान लिया है कि इन लोगों से क्या पूछना, इन्हें क्या आता है, इन्हें तो बस पैसा चाहिए। ज्यादातर लोग जो साधारण लोगों के पास जाते होंगे। यही सोचकर जाते होंगे। इन्हें हमारा आशीर्वाद चाहिए, कुछ पैसा चाहिए, कुछ प्रोग्राम चाहिए, कुछ कागज़ चाहिए, इनसे इनके दुःख की क्या बात करना उससे क्या होगा, उससे दुःख थोड़ी घटेगा। हमने मान लिया होगा कि इनकी जरूरतें तो भौतिक हैं, या कि मनोवैज्ञानिक या आध्यात्मिक। उनके साथ बैठकर बातचीत नहीं करना। हमारी यह आदत भी छूट गयी होगी, सोचते होंगे फालतू बात क्यों करना। इसलिए कुछ भी पता नहीं चलता होगा। मुझे सन ६० के बाद तीनेक बरसों में यह अहसास हो गया कि हम कुछ नहीं जानते।

उदयन : और ये वही समय है जब आपको लगा कि १७ वीं, १८ वीं और १९ वीं शताब्दी के हिन्दुस्तान की तकनीकी व्यवस्था या शिक्षा व्यवस्था की छानबीन की जाये।

धर्मपाल : नहीं, टेक्लोलॉजी वगैरह की बात नहीं थी। भारत के

लोग अपना काम कैसे चलाते थे, ये जानना चाहिए। अभी भी कैसे चलाते हैं, हमें नहीं मालूम तो मालूम करना चाहिए। मैं सन ६२ में जगन्नाथपुरी गया। वहाँ की जिला परिषद के अध्यक्ष से बात हुई। उन्होंने मेरे लिए मन्दिर से खाना मँगवाया। जब पंचायतों की बात होने लगी, वे कहने लगे, कुछ है नहीं। जैसा कि हमारा तरीका है, सब चीज़ों को छोटा करके देखने का। मैंने कहा कि ये तो ठीक है, मगर क्या पहले कुछ था? वे बोले, हाँ, कुछ ५० या ५२ शासन गाँव थे। मुझे तो समझ में ही नहीं आया कि ये शासन गाँव क्या होते हैं। बाद में समझा कि ये ग्राण्ट विलेज होते थे। और सात सौ बरस पहले बने थे। मैंने कहा कि क्या मैं ऐसा कोई गाँव देख सकता हूँ। तो उन्होंने मुझे वहाँ भेजा। वह गाँव पुरी के पास ही था, उसका नाम शायद वीरनरसिंहपुर था। बहुत सुन्दर गाँव था। सारी सुविधाएँ थी, खेती ज्यादा नहीं थी, फल वाले वृक्ष अधिक थे, कुछ छोटे नदी-नाले थे। घरों के पीछे छोटे-छोटे बगीचे, उसके पीछे नाला आदि। मैंने जो इजराइल या यूरोप में गाँव देखे हैं, वैसे ही हैं। मुझे लगा कि यह ब्राह्मणों का खास गाँव होगा। पूछा तो पता चला कि ऐसे ही मछुआरों के भी गाँव हैं। सभी तरह के लोगों के इस तरह के शासन गाँव हैं। मैं इसी तरह पूछता गया और मुझे जवाब मिलने लगे। यह हर जगह हुआ। जब इस तरह के लोगों से बातें की कि अब तो कुछ है नहीं, पहले था। पहले कब था तो लोग बोलेंगे कि तंजावोर राजा के समय में था वगैरह। अगर दूसरे तरह से बात करते तो वे कहते कि सब बड़ा बढ़िया है, कलेक्टर साहब ने ये किया, और चीफ मिनिस्टर साहब ने ये किया। लेकिन वो सवाल तो थे नहीं, दूसरे तरह के सवाल थे। इसलिए दूसरे जवाब मिलने लगे। हमारा शासन व्यवस्था से मोहभंग हो गया था। मन उचट गया था इसलिए जिज्ञासा की दिशा बदल गयी थी। कम्युनिटी डेवलेपमेण्ट विभाग के मन्त्री एस.के.डे की जो चिट्ठियाँ जगह-जगह जाती

थीं निहायत रद्दी चिट्ठियाँ थीं जिनसे लगता था जैसे वे आदेश कर रहे हों। मद्रास में मिड डे मील (दोपहर के भोजन) की व्यवस्था पुरानी है। मद्रास कारपोरेशन में यह १९३० से चल रही है। पूरा पैसा सरकार देती थी। बाद में १९६० में यह था लेकिन उसमें वही राशि रखी गयी थी जो १९३० में थीं। डेढ़ आना दस पैसा जबकि कीमतों में ज़मीन आसमान का फ़र्क हो गया था। इसमें सरकार ने यह व्यवस्था की कि इसका पैसा सरकार देगी। जो पैसा पंचायत देगी वही सरकार देगी और बाकी का पैसा स्थानीय योगदान से आना चाहिए। अगर स्थानीय योगदान नहीं होगा तो सरकार भी पैसा नहीं देगी। यह १९६० में आदेश आया। अब मिड डे मील बन्द तो करना नहीं है क्योंकि इससे स्कूल चलाने वालों की बदनामी होगी, उन्हें नकारा मान जायेगा, इसलिए नकली रिकार्ड तैयार किया जाना शुरू हो गया। बड़े पैमान पर। क्योंकि स्थानीय योगदान हो नहीं पाता और अगर पंचायत कहती है कि हम दे देते हैं तो उसकी इजाजत नहीं है। इस सब में मिड डे मील का जो भी हो। इस तरह की गड़बड़ियाँ ढेरों हैं।

उदयन : ६२-६३ तक पहुँचते-पहुँचते ये सब बहुत गहरा गया होगा लेकिन यह होगा पहले से ही।

धर्मपाल : पहले से टेंडेंसीज़ रही होगी लेकिन इन कार्यक्रमों में यह सब था।

उदयन : इन्हीं दिनों आपने दस्तावेज़, रिकार्डस वगैरह देखना शुरू कर दिया....।

धर्मपाल : रिकार्डस देखना तो पहल ही शुरू कर दिया था। मैं जब भी गाँव जाता था तो देखा करता था। मद्रास में यह ज़्यादा किया। वहाँ सौ बरसों के रूल-बुकों का कुछ और लोगों के साथ, अध्ययन

किया। तो लगा इस तन्त्र से बहुत कुछ निकल नहीं रहा है--जो हम डाल रहे हैं उससे ज्यादा नहीं निकल रहा तो फिर यह कोई काम का नहीं है। अगर ऐसा है तो इसके लिए इस तन्त्र की जरूरत नहीं है, इसकी कोई जरूरत नहीं कि हम चुनाव करें, क्योंकि वह काम हमने भी किया नहीं। हम सब तो शहरी लोग हैं। भद्र लोग हैं। मेरा कुछ ऐसा मत बनना शुरू हो गया था और तब मुझे डाटा मिलना शुरू हुआ कि समुदाय गाँव होते थे वगैरह। इसी में १८ वीं शती से पश्चिम में क्या होता है, उसका टैक्स्ट भी मिलता है।

उदयन : लेकिन इसके पहले आपको १८ वीं शती की तकनीकी में कोई विशेष रुचि भी नहीं थी।

धर्मपाल : उसके बारे में कुछ मालूम ही नहीं था। इतना अन्दाज है कि पहले कुछ ठीक रहा होगा, अंग्रेजों ने खराब किया होगा। बस इतना ही। रोमांस था। मद्रास गया और वहाँ यह सामग्री मिल गयी। कोई विशेष प्रयास नहीं किया था। विशेष प्रयास तो केवल इतना था कि देश के बारे में समझना चाहिए। कुछ खोजना चाहिए लेकिन कैसे ये तो मालूम नहीं था। यह सामग्री तो मिलती रहती है। इतना जरूर है कि जो मिलता है उसकी अवज्ञा करने की मेरी आदत नहीं है। यह नहीं सोचता था कि इसमें क्या रखा है जैसा कि आमतौर से कह दिया जायेगा। इसलिए कुछ मिल जाय जिसका सम्बन्ध हिन्दुस्तान, उसके लोगों आदि से हो, उस देखता था। मद्रास में काम करते हुए १८ वीं शती में क्या हो रहा है, इसका कुछ अन्दाज लगा कि इस काम का आयाम तो बड़ा है। यह काम होना चाहिए। बीच में दो-तीन महीने लन्दन चला गया, वहाँ कुछ देख लिया। फिर मैंने कहा लोगों से कि काम करे कोई। मै तो मानता था कि टीम होगी जो करेगी। टीम-वीम कहाँ बनती है? हमें दिलचस्पी

नहीं, आज भी नहीं है कि अपने लोगों को जानने की कोशिश करें। हमारी दिलचस्पी उनके जीवन को बदलने में नहीं है। ये है कि जैसे ये हैं, ऐसा ही हुआ करता है। और जो हमें बतला दिया गया है माडर्न मेथोडोलॉजी, विकास इत्यादि उसी की बात हम करते हैं। इसके लिए हमें हर तरह के विशेषज्ञ मिल जाते हैं, हमें उचित प्रोद्यौगिकी मिल जाती है।

ये भावना काफी पुरानी है। सौ बरस से भी ज्यादा कि हमें कुछ नहीं आता। ये नहीं कि भारतीयों को कुछ आता है। ये है कि इन्हें तो खेती करनी नहीं आती। अंग्रेजों के रिकार्ड में १८०० के करीब से कई तरह की बातें की जा रही हैं। ये भी कि इंग्लैण्ड से कृषि के लोगों को बुलाना चाहिए। वे यहाँ खेती करेंगे ठीक तरह से और इन्हें सिखाएँगे। और उसी समय अलग से यह बात हो रही है कि हिन्दुस्तान में खेती का उत्पादन गेहूँ का मान लीजिए, इलाहाबाद के इलाके में, या कहीं भी, इंग्लैण्ड से तिगुना है। या ये भी है कि बिहार-बंगाल का गंगावाला इलाका, वहाँ जो मिट्टी आती है, ऊपर से, वह खाद का काम करती है इसलिए यहाँ ज़्यादा गाय का गोबर इत्यादि इस्तेमाल करने की जरूरत नहीं है। लोग नहीं करते थे क्योंकि इसका तर्क दूसरा है। मतलब इन्हें ये सब भी मालूम है। लेकिन सामान्य रूप से ये भी है कि इन्हें तो कुछ आता-जाता नहीं है।

उदयन : ये दोनों स्तर एक साथ चल रहे हैं। विचार के कई स्कूल होंगे जो साथ-साथ चल रहे हैं।

धर्मपाल : इसमें वर्चस्व तो दूसरे ही किस्म का रहा होगा कि इन्हें कुछ आता-वाता नहीं है। डाटा जो देता है वो इंग्लैण्ड में रिकार्ड हो जाता है। लेकिन एक अलग तरह का विचार भी था कि ये सब दर्शाना तो अच्छा नहीं है, कम करो इसको। जैसे ये होगा कि इनकी (भारतीयों

की) इकोनामी तो ज्यादा अच्छी चलती है, इसको धीमा करना चाहिए। क्योंकि इससे हमें मुश्किल हो जायेगी। प्रतियोगी हो जायेंगे। टेक्सटाइल वगैरह में तो यही हुआ। और जगहों में भी हुआ होगा। ये भारतीय क्या करते हैं, क्या जानते हैं यह जान लो। फिर इन्हें और इनके काम को रोक दो।

उदयन : और उसी रूप में इनके लोगों को शिक्षित भी करो...

धर्मपाल : शिक्षित तो केवल कुछ लोगों को करो, ज़्यादा को नहीं। इग्लैण्ड में करीब १९०० तक समाज के मुख्य विभाजन हैं, लोअर ऑर्डर और हायर ऑर्डर, निचला तबका और ऊँचा तबका। ९० प्रतिशत लोग निचले तबक के हैं। इस निचले तबके में से सन १९०० तक सिर्फ ५-७ प्रतिशत लोगों को ही वोट देने का अधिकार रहा होगा। बाकी को नहीं। और ५-७ प्रतिशत से ज्यादा के घर नहीं हैं। वे जहाँ काम करते हैं वहीं उन्हें रहने की कुछ जगह मिली हुई है। जब काम खत्म हो गया तो वहाँ से निकाल दिया जाता है और तब उनके पास जाने के लिए कोई जगह नहीं बचती। यह करीब १९२७ तक है। इस तरह ये लोग वास्तव में नागरिक नहीं हैं। तो अगर इंग्लैण्ड में ऐसे लोग नागरिक नहीं है तो हिन्दुस्तान में इस तरह के लोगों की नागरिकता को कैसे बर्दाश्त किया जा सकता है। इंग्लैण्ड में १८०० के करीब यह बात हुई कि हिन्दुस्तान में किसानों को उनकी ज़मीन से निकाला नहीं जा सकता तो कहा गया कि इंग्लैण्ड में तो ऐसा नहीं है, यहाँ तो निकाला जा सकता है और हिन्दुस्तान के किसान के अधिकार इंग्लैण्ड के किसानों के अधिकार से ज़्यादा कैसे हो सकते हैं, इसपर बहस है। १८१३ में भारत के इसाईकरण को लेकर एक बहस है और यह ब्रिटिश संसद में ५-७ दिन चलती है। यह ब्रिटिश संसद में भारत पर सबसे महत्वपूर्ण बहस है।

कभी इससे बड़ी बहस ब्रिटिश संसद में भारत को लेकर नहीं हुई। इसके मुख्य वक्ता विलियम विल्बरफोर्स बड़े आदमी हैं, वे ४०-५० साल तक ब्रिटिश संसद के सदस्य हैं और ऐसा माना जाता है कि उनकी आमदनी शुरू में सलाना ३० हजार पाउण्ड है। उन्हें 'फादर ऑफ विक्टोरयन्स' कहा जाता है, जैसे हमारे यहाँ 'महात्मा गांधी' हैं, उन्होंने दासों का व्यापार बन्द करवाया है, उनकी बड़ी इज्ज़त है। वे १७९० के करीब से भारत के इसाईकरण में लगे हैं और १८१३ में संसद में बहस कराकर प्रस्ताव पास कराना चाहते हैं। उस बहस में कुछ लोग कहते हैं कि भारत बहुत सभ्य देश है, इंग्लैण्ड से बेहतर है वगैरह। इस बात का वे, विलियम विल्बरफोर्स, जवाब देते हैं कि मेरे कुछ साथियों ने ऐसा कुछ कहा है कि भारत बहुत सभ्य है लेकिन यह कैसे सम्भव है। हमें पता है कि यूनान और रोम क्या थे, हमें यानी सारी इसाईयत को यह पता है कि वे अधर्मी, व्यभिचारी आदि थे, अगर वे इस तरह के थे तो यह कैसे सम्भव है कि भारत सभ्य हो। अब इसका तो कोई जवाब नहीं है। जिन्हें आपने जीता है उनमें कोई गिरावट तो होगी ही, कोई नैतिक समस्या होगी ही, वे बनाये ही इस तरह गये होंगे कि उन्हें जीता जा सके। वे आपके बराबर या आपसे उच्चतर हो ही नहीं सकते। जीत के पहले वे विजेताओं में से कुछ को उच्चतर दिखते हैं लेकिन जीत के बाद तो यह सवाल ही नहीं उठता।

उदयन : और यही विचार हिन्दुस्तान के पढ़े-लिखे लोगों को भी समझा दिया जाता है निरन्तर।

धर्मपाल : हाँ, यही बात सम्प्रेषित होती है। इसे कहने की ज़रूरत नहीं होती, यह वैसे ही हो जाता होगा। फिर विजित लोगों में यह विचार भी आता होगा कि कसूर किसका है, हम कैसे गुलाम बन गये? निश्चय

ही हमारे लोग गड़बड़ हैं, हमें लड़ना नहीं आता या हमारे राजा लोग गड़बड़ हैं वगैरह, इस तरह के हज़ारों तर्क होते होंगे और यह होता चला जाता होगा।

उदयन : अभी आप जो यह कह रहे थे कि सन १९०० के बाद तक इंग्लैण्ड में ज़्यादातर लोगों की नागरिकता नहीं है, क्योंकि इनके पास रहने की जगह नहीं है...

धर्मपाल : उनका समाज अलग तरह से निर्मित है। मेरा यह मानना है कि इंग्लैण्ड और यूरोप के और कुछ हिस्से दुनिया में सबसे अधिक विजित (कॉन्कड) क्षेत्र हैं। वहाँ साधारण लोगों के लिए नागरिकता तक़रीबन कभी रही ही नहीं। वे मातहत ही रहे, उन पर रोमन युग से ही शासन किया गया और वो गया नहीं। ब्रिटेन को आखिरी बार ११ वीं शताब्दी में जीता गया था, यह नार्मन कान्क्वेस्ट (विजय) है। ब्रिटिश इतिहासकारों के अनुसार इसके बाद ही कानून-क़ायदे संस्थापित किये गये। यह भी कहा जाता है कि इंग्लैण्ड के कुल संसाधनों का ९५ प्रतिशत विजेता ले लेते हैं। इन विजेताओं की संख्या ५० हजार के करीब है और देश की कुल आबादी १० से २० लाख रही होगी। मुख्य संसाधन करीब ५ प्रतिशत लोगों के पास रहते हैं। संसाधनों में ज़मीन वगैरह सब आ जायेगा। संसाधनों का बँटवारा कुछ इस तरह है कि २५ प्रतिशत राजा का है, २५ प्रतिशत चर्च का है। बाकी करीब ५० प्रतिशत विजेताओं के अनुयायियों का है जिसमें सेना-वेना आ जाती है, जिसमें से अभिजात्य वर्ग वगैरह निकला होगा और बाकी ५ प्रतिशत सारी जनता का है। तो जनता औरों पर आश्रित हो जाती है। जायदाद आदि पर उसके अधिकार स्वीकृत नहीं हैं। विजय के दौरान जिन संसाधनों पर कब्ज़ा किया गया है नियम कायदे (रूल ऑफ लॉ) उसी कब्ज़े को बरकरार

रखने के लिए बनाये जाते हैं। और यह जो सिस्टम ऑफ पार्लियामेण्ट वगैरह (संसदीय व्यवस्था आदि) है, वह ज़ायदाद वाले लोगों को, जो व्यवस्था का अंग बन चुके हैं, उन्हें संरक्षण देने के लिए है ताकि उनकी कुछ आवाज़ रहे। बाकी सब लोग इनके अधीन रहें। यह सब २०वीं शती तक चलता है।

उदयन : क्या आप कह रहे हैं कि यह व्यवस्था समूचे यूरोप में रही है, किसी भी हद तक?

धर्मपाल : नहीं, इंग्लैण्ड के लिए तो कह ही सकते हैं और जगह इसमें भिन्नताएँ होंगी लेकिन मेरा ख्याल है कि यह यूरोप में सामान्य चलन रहा है।

उदयन : इसीलिए जब अंग्रेज हिन्दुस्तान आते हैं तो उनका सामना ऐसी सभ्यता से होता है जहाँ सामान्य लोगों के पास अपनी भूमि पर रहने के नागरिक अधिकार हैं।

धर्मपाल : इसीलिए वे इन अधिकारों को मान्यता नहीं देते। वे यहाँ वही दोहराने में लगे हैं जो उनके यहाँ हुआ था। ११ वीं शताब्दी में उनके यहाँ जो कुछ नार्मन्स ने किया, वे उसे ही यहाँ करने का प्रयास कर रहे हैं।

उदयन : न सिर्फ कर रहे हैं बल्कि यह भी बताते चल रहे हैं कि आपके यहाँ हमेशा से ऐसा ही था।

धर्मपाल : यह तो करना ही पड़ेगा, वे यह कैसे कहते कि हम आपके यहाँ जुल्म कर रहे हैं। वे तो कहेंगे कि हम अच्छा ही कर रहे हैं, आपको सुधार रहे हैं, आपके यहाँ तो हालत इससे भी खराब थे, और इन बातों को पुष्ट करने की सामग्री भी ढूँढ ली जाती है। जैसे १७८०

के करीब इस बात पर चर्चा हुई कि उत्पादन पर सरकार का कितना अधिकार है, तो कुछ लोगों ने बताया कि ५० प्रतिशत है। इस पर अंग्रेज़ अफसरों ने कहा कि जब हम आये थे, तब यहाँ के किसान आदि बहुत कम लगान वगैरह देते थे। इस पर दूसरे लोगों ने कहा कि हाँ ऐसा तो था लेकिन तब इनके शासक बहुत कमज़ोर थे। जब इनके मज़बूत शासक थे तब ऐसा नहीं था, तब ज़्यादा देना पड़ता था। इस पर वे मज़बूत शासकों को ढूँढ़ने निकले और वह मजबूत शासक उन्हें १४ वीं शताब्दी में आलाउद्दीन खिलजी मिला। अलाउद्दीन खिलजी के बारे में ऐसी बातें कही जाती हैं, वे थीं या नहीं, उसको छोड़िए या शायद ऐसा कोई अभिलेख मिला हो कि अलाउद्दीन खिलजी ने अपने सलाहकारों से पूछा कि इन काफिरों के क्या अधिकार हैं, तो उन्होंने कहा कि इनके अपनी सम्पति पर कोई अधिकार नहीं है। उत्पादन पर क्या अधिकार हैं तो सलाहकारों ने कहा कि शासक का ५० प्रतिशत लेना जायज़ है। यही वह मुख्य साक्ष्य है जो अंग्रेजों ने प्रस्तुत किया। उस समय इंगलैण्ड का किसान, जिसके कुछ अधिकार आदि भी हैं, वह ५० से ८० प्रतिशत उत्पादन कर देता है।

उदयन : और काफ़ी पहले से इतना कर देता है।

धर्मपाल : यह बीच-बीच में बदलता रहता होगा लेकिन ज़्यादा नहीं बदलता। इंग्लैण्ड में आज भी ऐसे परिवार होंगे जिनके पास दो-चार लाख एकड़ ज़मीन है। अगर आप मध्य ११ वीं शताब्दी की तुलना मध्य १९ वीं शताब्दी से करें तो भूमि वितरण की इस असमानता में कोई बहुत फ़र्क नहीं मिलेगा यानी स्थिति में कोई बहुत परिवर्तन नहीं आया है। जिसका यह अर्थ है कि इंग्लैण्ड में अधिसंख्य लोगों के पास ५ से ७ प्रतिशत ही संसाधन हैं।

उदयन : १७८० की चर्चा के पीछे यह प्रयोजन है कि अंग्रेज यहाँ के किसानों और अन्यों से कितना लगान आदि ले सकते हैं...।

धर्मपाल : उनके यहाँ जो व्यवस्था है, वे उसी को यहाँ भी करना चाहते हैं लेकिन ऊपर से यह भी दिखलाना चाहते हैं कि हम न्यायोचित व्यवस्था करना चाहते हैं इसीलिए एक तरह की जाँच करके एक तरह का तर्क उत्पन्न कर लो। देखिए, चीन में कन्फ्यूशियस के समय से लेकर बहुत बाद तक विशेषकर कृषि उत्पादन के नौ हिस्सों में से एक हिस्सा सरकार का होता था, बाकी आठ हिस्से किसान खुद रखता था। उन्होंने यह किया था कि हर खेत के नौ हिस्से किये जायेंगे, जिसमें से बीच के हिस्से का उत्पाद सरकार को देने के लिए होता था।

उदयन : हमारे यहाँ भी इसी के आसपास का कुछ रहा है।

धर्मपाल : हमारे यहाँ छठवाँ हिस्सा और कुछ जगह बारहवाँ हिस्सा है। असल में वह कुल मिलाकर १० प्रतिशत से ज़्यादा नहीं रहा होगा। हर ज़मीन से सरकार को लगान नहीं दिया जाता है, या अगर दिया जाता है तो सरकार उसमें से बहुत ज़्यादा हिस्सा अन्य संस्थाओं को दे देती है इसलिए शासन तन्त्र (स्टेट एपरेटस) के पास बहुत पैसा नहीं है। शायद यह पौर्वात्य व्यवस्था रही होगी। पूर्व वैसे भी अधिक उत्पादक क्षेत्र है, मौसम आदि की दृष्टि से भी आसान इलाका है, जबकि पश्चिम इसकी तुलना में खासा मुश्किल इलाका है, वहाँ उत्पादन कम है इसलिए वहाँ अगर साभ्यतिक स्तर पर बचे रहना है तो यह ज़रूरी है कि लोग ज़्यादा मात्रा में लगान दें और लोगों के पास कम से कम छोड़ें। १७७५ में एडम स्मिथ **वेल्थ आफ नेशन्स** में कहता भी है कि मज़दूर को महज जीवनयापन से अधिक नहीं देना चाहिए। वो खराब हो सकता है। यह सिद्धान्त है। अगर आपने ज़्यादा दे दिया तो अगले दिन वो काम

पर ही नहीं आयेगा, इसी तरह के बहुत सारे तर्क है। यही सब तकरीबन प्लेटो वगैरह में भी मिल जायेगा। यूनानी समाज में ज़्यादा लोग, लगभग ९० प्रतिशत, दास होते थे, सब जगह नहीं, कई जगह ५० प्रतिशत ही हैं लेकिन ९० प्रतिशत तक हैं। अब इस दास को कैसे सँभाला जाय, यह सवाल है। इसलिए दास से फालतू बातें नहीं करना है क्योंकि इससे उसको ग़लतफ़हमी हो जायेगी और फिर आपको हिंसा का प्रयोग करना पड़ेगा। हिंसा करना महंगा है, इसलिए उनसे सम्बन्ध ही ऐसा न बन पाये कि इसकी जरूरत पड़े। इसीलिए दासों के साथ सम्बन्ध बहुत सीमित होते थे, बिल्कुल स्पष्ट क़िस्म के और यह व्यवस्था थी कि दास न्यूनतम पर जीवन यापन करेगा।

उदयन : इस क़िस्म की व्यवस्था हिन्दुस्तान में शायद कभी नहीं रही हो?

धर्मपाल : हिन्दुस्तान में शायद खास नहीं रहा हो। कभी नहीं रहा हो कहना बड़ा मुश्किल है। मेरे ख्याल से यह स्वभाव में नहीं है। इस सभ्यता को उसकी ज़रूरत भी नहीं है, चीनी सभ्यता को भी और दक्षिण-पूर्व एशिया के लोगों को भी। ये इलाके जब से भी हैं, समृद्ध हैं, सौभाग्यशाली हैं। मेरे मन में कई बार यह आता है कि भई ये लोग १०-१२ हज़ार बरस या इससे ज़्यादा पहले से अच्छे-से जिये हैं और यूरोपियों ने आकर इन्हें थोड़े-से बरसों के लिए पीट लिया, तो ठीक ही है, ये कौन-सी मुसीबत हो गयी। क्योंकि यूरोपीय खराब हाल में रहे हैं, इनके बेहतर से बेहतर लोग भी खराब हाल में रहे हैं। अगर उनके यहाँ दास हैं तो उन्हें भी नियन्त्रित करने खासी मेहनत करनी पड़ी होगी, यह कोई आसान नहीं होता। यह बात तो साफ ही है कि यूरोप में कुछ होता-वोता नहीं था, रोमन काल में उद्योग भी नहीं के बराबर हैं या १८

वीं शताब्दी में भी। १७९० में अंग्रेज अपना राजदूत चीन भेजते हैं, वह इससे पहले मद्रास का गवर्नर रह चुका है। वह चीन जाकर सम्राट से भेंट करने के लिए छः महीने तक प्रतीक्षा करता है। भेंट के समय वह राजदूत सम्राट के लिए चिट्ठी और तोहफ़े लेकर जाता है। तोहफ़े में कम्बल-जैसी अपरिष्कृत चीज़ें हैं जिन पर वहाँ के लोग थोड़ा हँसते हैं। चिट्ठी में यह लिखा है कि इंग्लैण्ड चीन से व्यापारिक सम्बन्ध बनाना चाहता है तो सम्राट कहता है या उसकी तरफ से कोई कहता है कि लेकिन आप हमें दे ही क्या सकते हैं, हमें तो ईश्वर ने सब कुछ दिया है। इनकी बड़ी बेइज्जती होती है। जब मैं लन्दन में था, स्कूल आफ इकोनामिक्स में डिप्लोमेसी पर व्याख्यान सुनने जाया करता था। वहाँ हम तीन-चार छात्र ही थे, जिसमें दो चीनी थे, एक मैं था और एक और कोई था। वहाँ के एक अंग्रेज प्रोफेसर इन चार छात्रों को यह किस्सा सुना रहे हैं, बड़े आनन्द में डूबकर कि देखो चीनी सम्राट ने ऐसा कहा लेकिन खास बात यह है कि आखिर में हमने उन्हें पीट लिया।

उदयन : ये वे दिन हैं जब आप मद्रास में रहकर मद्रास प्रेसीडेन्सी की पंचायत व्यवस्था का अध्ययन कर रहे थे लेकिन इन दिनों तक भी आपको १७ वीं, १८ वीं शती की भारतीय टेक्नोलॉजी के विषय में कोई अन्दाज़ नहीं है?

धर्मपाल : नहीं, वह तो लन्दन जाकर हुआ।

उदयन : जब आप पंचायत-व्यवस्था का अध्ययन कर रहे होंगे तभी यह विचार आपके मन में आया होगा कि यह समाज अपने को चलाता कैसे रहा है, सम्भवतः यहीं से अंग्रेजों के पहले के भारत में टेक्नोलॉजी की स्थिति पर खोज करने का ख्याल आया होगा?

धर्मपाल : हाँ। शुरू में उस पर थोड़ा लिखा, बहुत नहीं। बहुत

आँकड़े अभी तक मेरे पास नहीं थे। शुरू का वह लेखन कल्पना आधारित अधिक है, आँकड़े उतने नहीं हैं। दरअसल हमारे यहाँ जो कहा जाता है, पुराने भारत के बारे में, जिसे इण्डियन रोमांस कहते हैं, उसी के आधार पर कुछ लिखा होगा। लेकिन १९६४-६५ तक मेरे पास आँकड़े नहीं हैं।

उदयन : क्या आप यह कह रहे हैं कि तब तक कोई बहुत स्पष्ट चित्र नहीं है,एक रोमांटिक-सी छवि है?

धर्मपाल : नहीं, उतना रोमांटिक भी नहीं है, लेकिन उसे पुष्ट करने पर्याप्त अभिलेख (डाक्यूमेण्टस) नहीं हैं। सोचने पर यह लगता था कि यही तार्किक है ऐसा ही यह समाज रहा होगा, लेकिन अगर कोई पूछता क़ि कहाँ लिखा है तो उसे बताने के तब तक कोई आँकड़े मेरे पास नहीं है।

उदयन : क्या १८ वीं, १९ वीं शताब्दी की भारत की शिक्षा प्रणाली पर आपके काम के बारे में भी यही सच है?

धर्मपाल : शिक्षा के बारे में तो और भी ज़्यादा सच होगा। उसके बारे में तो सोचा भी नहीं होगा। इतनी मान्यता जरूर मन में है कि अपने गाँव वाले शिक्षित और समझदार हैं, और यह कि वे चुस्त हैं। अगर कोई काम करना मुश्किल जान पड़ रहा है तो इसकी सम्भावना बहुत है कि वे कहें कि इसे ऐसे किया जा सकता है। अब इसमें बहुत शिक्षा की बात नहीं है और शिक्षा के बारे में मैं खोज भी नहीं रहा था।

उदयन : लेकिन शिक्षा प्रणाली पर आपकी जो पूरी पुस्तक है वह किस तरह लिखी गयी है?

धर्मपाल : वह तो चलते-चलते आँकड़े मिल गये और फिर यह

हुआ कि शिक्षा पर कुछ होना चाहिए, तो हमने सोचा ठीक है इस पर किताब बना देते हैं।

उदयन : भारतीय शिक्षा प्रणाली के विषय की जो छवि गांधी जी के मन में थी, जिसे उन्होंने 'ब्यूटीफुल ट्री' नाम दिया था, वह क्या सिर्फ़ अनुभूति के स्तर पर ही थी या उसके पीछे किन्ही आँकड़ों का आधार भी था?

धर्मपाल : १९२० के आसपास उनके लोगों ने कुछ आँकड़े इकट्ठे करके उन्हें दिये हैं, वे **'यंग इण्डिया'** में छपे भी। उसका कुछ हिस्सा इस किताब **(ब्यूटीफुल ट्री)** में भी है। कुछ आँकड़े पंजाब के हैं। दिल्ली में दौलतराम गुप्ता होते थे, जिनके नाम पर वहाँ महाविद्यालय भी हैं, उन्होंने कुछ लेख लिखे जिन्हें उन्होंने गांधी जी के सामने प्रस्तुत किया। इस तरह उनके पास आँकड़े आये होंगे, लेकिन बहुत विस्तार में नहीं आये, लेकिन बुनियादी आँकड़े उनके पास आ गये थे। इस किताब (धर्मपाल जी की ब्युटीफुल ट्री) में विस्तार अधिक है, आँकड़ों का विश्लेषण है। कुछ आँकड़े 'हाउस आफ कॉमन्स' के पेपर में छपे थे। १८३६ या ३८ में एडम्स रिपोर्ट छपी थी, उसका पुनर्प्रकाशन भी हुआ, वह उपलब्ध भी रही, उसके बारे में जानकारी भी थी, लेकिन उसका परीक्षण नहीं किया गया। उसे जिस दृष्टि से मैंने देखा उस दृष्टि से उसका परीक्षण सार्वजनिक तौर पर नहीं हुआ था। मैंने शिक्षकों की ८०-९० जातियाँ निकाल दी : शिक्षकों में चाण्डाल भी हैं, डोम भी हैं। इस किताब के छपने के बाद मुझसे लोगों ने कहा कि ये तो कुछ समझ में नहीं आता, हम तो यही मानते थे कि ब्राह्मण ही पढ़ाया करते थे। यह बात ये लोग पूरी गम्भीरता से कहा करते थे क्यों कि यह उनके लिए अविश्वसनीय था। ये लोग यह नहीं कह रहे थे कि मैं झूठ बोल रहा हूँ,

लेकिन यह बात १७-१८ वीं या १९ वीं शती तक हिन्दुस्तान के अपने स्कूलों में चमार भी पढ़ा करते थे, उनके दिमाग में बैठती नहीं थी, समस्या यह है। इन चीजों का परीक्षण किया ही नहीं गया। एडम्स रिपोर्ट उपलब्ध थी, और यह १८३०-४० के बीच का सर्वेक्षण है। इसमें छात्रों के विषय में उतना नहीं है लेकिन शिक्षकों की संख्या और उनकी जाति के बारे में विस्तृत आँकड़े हैं। यह भी है कि ये क्या बात है, इनका हाड़-मांस सब एक तरह का है, इनमें यह फ़र्क कैसे हो गया। इस पर भृगु कहते हैं, नहीं, नहीं, ऐसा नहीं है, यह फ़र्क पहले नहीं था। शूद्रों को भी अधिकार थे। इन्होंने उसे छोड़ दिया, इसलिए उनसे छूट गया। इसका अर्थ यह है कि उस पुराण के लिखने के समय इस विषय पर बहस चल रही है। केवल इन दोनों में ही नहीं चल रही और जगह भी ये सवाल रहे होंगे, जिनको देखने की हमने कोशिश नहीं की। सन १८०० से पहले के हमारे लोगों में शायद ये चर्चाएँ होती होंगी, १८०० के बाद इन चर्चाओं को देखने की फुर्सत किसको है। क्योंकि इतनी परेशानी में फँसे हैं लोग और जो नया मॉडल आया है उसमें छोटे लोग कुछ समय में बड़े लोगों की नकल कर लेते हैं। इसी पर आधुनिक स्कूल प्रणाली, यूरोप की और अब हमारे यहाँ की भी आधारित है। इसका उद्देश्य यह है कि ये सभी जेण्टिलमेन बन जाएँ। लेकिन पिछले ५० सालों में यह पता चला कि सब जेण्टल बनते नहीं हैं, तो समझ में नहीं आया कि अब क्या करें, दूसरे मुद्दे उठने लगे टेक्नालॉजी आदि के, समाज में ज्ञान के आधार आदि के अन्तर के कारण दूरियाँ बढ़ने लगीं, तब यह सोचा गया कि जो अतिमानव (सुपरमेन) किस्म का आदमी है, वही बनाओ और बाकी को यहाँ-वहाँ फिट कर दो, बाकी सब कलपुर्ज़े हैं। अब इन अधिकारों आदि की बात नहीं होती। यह ज़रूर है कि सबको रहने को मिले, और कल्याणकारी राज्य हो, स्वास्थ्य सुविधाएँ हों वगैरह

की चर्चाएँ होती रहती हैं लेकिन अब यह मुद्दा नहीं है कि सब आईन्सटाईन बन जायेंगे, जो सौ बरस पहले रहा होगा।

उदयन : एक आईन्सटाईन बन जाय बाकी सारे उसकी मदद के लिए उपयोग में आएँ....।

धर्मपाल : पहले यह था कि जितना है उसका उचित वितरण कर लो। लेकिन अब चीज़ें बहुतायत में हैं तो कहा गया कि उपभोग ज़्यादा करो। उसके लिए कर्ज़ लेना पड़े तो कर्ज़ लो। पहले किफ़ायत थी और यह था कि कर्ज़ा नहीं लेना है, गरीब आदमी को तो सवाल ही नहीं उठता, समृद्ध आदमी भी कर्ज़ा लेकर खर्च नहीं करता था, पर अब क्रेडिट कार्ड न होना, ठीक नहीं माना जाता। इसमें मनुष्य की हैसियत घटी है, पश्चिम में उसकी भौतिक स्थिति में सुधार हुआ है लेकिन समाज में उसका योगदान और उसकी भागीदारी कम हुई है।

उदयन : क्या आपको लगता रहा कि भारतीय समाज में १८-१९ वीं शताब्दी तक आते-आते अपनी क्षमताओं, कौशलों,आदि का बोध बना रहा। भले ही इस समय तक ये कौशल और अपने को व्यवस्थित करने की उसकी क्षमताएँ काफी क्षीण हो गयी हों। इसके विपरीत पश्चिमी ढंग से पढ़े-लिखे भारतीयों में न सिर्फ यह बोध नहीं रहा बल्कि उनकी इसमें दिलचस्पी भी ख़त्म हो गयी और ये दोनों स्तर साथ-साथ चलते रहे। स्वतन्त्रता के बाद भी, बल्कि आज तक ये दोनों स्तर सम्भवतः कायम हों। हम लोगों को यह न पता हो, गाँव के लोग सार्वजनिक तौर पर इसकी चर्चा भी न करते हों लेकिन तब भी यह बोध और व्यवस्था टूटे-फूटे रूप में ही सही शायद आज भी चल रही हो। मुझे लगता है, कम से कम आपके काम को जानने के बाद कि यह व्यवस्था इस तथाकथित आधुनिकता के नीचे किसी न किसी रूप में आज भी अन्तःसलिला

होगी और हम कोशिश करें तो वह हमें अपने भग्नावशेषों में यहाँ-वहाँ बिखरी नज़र भी आयेगी।

धर्मपाल : यहाँ* जो औरत ख़ाना बनाती है उसके परिवार वाले सौ बरस पहले बिजनौर से आये होंगे, अंग्रेजों के यहाँ काम किया होगा, पाखाना भी साफ़ किया होगा। अच्छा खाना बनाया होगा, आपने खाया ही है। इनकी बहन का पति तीन-चार दिन पहले दिल्ली में मर गया। ये अपनी भाई के साथ वहाँ गयी थीं। वे बता रही थीं कि इनके यहाँ बहन के पति की मृत्यु पर जो खर्च होता है, उसे भाई उठाता है, यह सोचने की बात है। इस तरह की परिपाटी यहाँ अब भी होगी हम इसे नहीं जानते। हम पूछते नहीं हैं। हमारी बात नहीं होती। पिछले पचास-सौ बरसों में मामूली पढ़े-लिखे घरों में जहाँ पुरुष कोई सरकारी नौकरी या कोई और नौकरी करता हो वहाँ स्त्री-पुरुषों के संसार के बीच कोई संवाद नहीं है। अगर स्त्री पूछे भी तो उसे यही जवाब मिलेगा कि तुम्हें क्या करना, तुम्हारी समझ में नहीं आयेगा और स्त्री की बात में पुरुष को दिलचस्पी नहीं है। इस तरह ये दो व्यवस्थाएँ हैं जो एक ही समय में उपस्थित हैं। अब इन्हें कैसे मिलाया जाय, इन्हें कौन जोड़ सकेगा। यहाँ की राज्यव्यवस्था, यहाँ के परिवार से नहीं निकली है। यूरोप में राज्यसत्ता विषयक जो सामान्य सिद्धान्त हैं उसमें यह कहा जाता है कि आधुनिक राज्य व्यवस्था यूरोप में १२-१४ वीं सदी में खाने-पीने के तौर-तरीकों से निकली है, कटलरी में से निकली है, काँटे-छुरी के इस्तेमाल से निकली है और फिर यह विकसित होती चली गयी। इस तरह ये तौर-तरीके महत्वपूर्ण हो गये और इनमें सबसे पहले खाने-पीने के, डायनिंग रूम के तौर-तरीके ही

* यहाँ सिद्ध संस्था के निदेशक श्री पवन कुमार गुप्ता के घर का जिक्र है जहाँ यह बातचीत चल रही है।

आये होंगे और बाद में चेम्बरलिन बने होंगे और बाद में अन्य बातें हुई होंगी। इसी रास्ते सोपानक्रम तैयार हुआ होगा, उन्हें नाम दिया गया होगा, बड़े लोगों के करीबी लोगों को महत्वपूर्ण कार्य दिये गये होंगे, उसी में से आधुनिक राज्यसत्ता के विभिन्न विभागों का उदय हुआ होगा, ब्रिटेन और दूसरे यूरोपीय देशों में।

उदयन : आपके अनुसार हिन्दुस्तान की आधुनिक राज्य-व्यवस्था परिवार से नहीं निकली?

धर्मपाल : बिल्कुल नहीं, कोई सवाल ही नहीं उठता।

उदयन : जबकि यूरोप में एक क़िस्म से....।

धर्मपाल : हाँ, वहाँ परिवार से निकला है, इसलिए उसमें परिवार की थोड़ी समझ रही होगी मतलब उसने परिवार से कुछ ग्रहण किया होगा। यहाँ तो कुछ ग्रहण ही नहीं हो सकता। और अब यह बदल गया है, सार्वजनिक जीवन और निजी जीवन बिल्कुल अलग हो गया है।

उदयन : इनके बीच में कोई संवाद नहीं बचा है।

धर्मपाल : नहीं के बराबर है। जो एकदम आधुनिक है, मेरे आपके जैसे लोग या उससे ऊपर के लोग जहाँ स्त्री-पुरुष दोनों मॉडर्नाइज़ हुए हैं उनमें कुछ संवाद शुरू हो गया होगा क्योंकि वे एक ही जीवन प्रणाली में शिरकत करते हैं लेकिन यहाँ स्त्री का पुराने रीति-रिवाजों से सम्बन्ध टूटता जा रहा होगा। यह मुश्किल होता है कि कई तरह की चीज़ें हम एक साथ कर सकें। यह लाइब्रेरी में तो होता है लेकिन रोज़मर्रा की ज़िन्दगी में शायद नहीं। यह हो सकता है कि आप रोज़ सन्दर्भ ग्रन्थ या इनसाइक्लोपीडिया ब्रिटेनिका देखते रहे तो उससे रीति-रिवाजों का पता चलता रहेगा लेकिन यह तो रहने का तरीका नहीं है।

उदयन : क्या यूरोप में राज्यसत्ता और परिवार के बीच का सम्बन्ध अधिक सहज है?

धर्मपाल : यूरोप में राजसत्ता उसी में से उत्पन्न हुई और इसलिए वहाँ इन दोनों के बीच का सांस्कृतिक अन्तराल कम है। राज्यसत्ता का ही नहीं अन्य संस्थाओं (इण्स्टीट्यूशन्स) का भी। वे संस्थाएँ परिवार के ही जैसे सिद्धान्तों पर चलती होंगी। चर्च होगा, चर्च स्कूल होगा, स्थानीय डाक्टर होगा। फिर यह भी है कि वो अपेक्षाकृत स्थायी है। अब यहाँ तो ऐसा नहीं है, आधुनिक राष्ट्र-राज्य में तो है ही नहीं। आपके डॉक्टर और मरीज़ का तो कोई रिश्ता ही नहीं है। ब्रिटेन की नेशनल हेल्थ सर्विस का डाक्टर एक-डेढ़ मील के इलाक़े में ३०-४० साल तक निरन्तर काम करता होगा, अपने सब मरीजों को जानता होगा, उनके परिवारों को जानता होगा। यहाँ तो हर साल-दो साल में आप उसे यहाँ से वहाँ भेजते रहते हैं। यह पद्धति अंग्रेजों की चलाई हुई है जो उन्होंने अपने लोगों के लिए की थी। अपने लोग यानी अंग्रेज कलेक्टर जैसे अधिकारी वगैरह अधिक अलोकप्रिय न हो जाएँ, एक तो इसलिए किया होगा, क्योंकि ज़ुल्म हो रहा है, शोषण ज़्यादा कर रहे हैं इसलिए या दूसरे स्थानीय लोगों से घुलमिल न जाएँ, लोगों से मिलकर सरकार को नुकसान न पहुँचाने लगें इसलिए उन्हें हर दो-तीन साल में यहाँ से वहाँ भेजते रहते थे। वह पद्धति हम लोगों ने जारी रखी। इसी तरह जैसे जब उनके (अंग्रेजों के) अफसर लोग आये तो उनके लिए केण्टोनमेण्ट वगैरह सरकार की ओर से बनवाये गये यानी उनके रहने के लिए मकान बने, रेस्टहाउसेस बने क्योंकि वे विदेशी हैं, विजेता हैं इसलिए इन मकानों के बनने का एक तर्क है, लेकिन हमने वही सब स्वीकार कर लिया। अंग्रेजों ने यह शुरू किया कि जो भारतीय वाइसराय की काउन्सिल के सदस्य बनने लगे या गर्वनर की काउन्सिल के या बाद में लेजिस्लेचर में आये,

उनको भी मकान देने का प्रावधान हुआ क्योंकि उन्हें लगा कि वे सचिवों और कलेक्टरों को भी मकान देते हैं या इन भारतीयों ने ही कहा होगा कि क्या आप हमें छोटा मानते हैं। जरूरत शायद न रही हो घर की पर यह मसला अधिकार का रहा होगा। हम आज तक उससे बँधे हुए हैं। इस तरह हमने देश को तो औपनिवेशिक बना दिया। सन १९७६ में शायद दिल्ली में कोई कामनवेल्थ कॉन्फ्रेन्स हुई थी। उसका डाक्यूमेण्ट छपा है, द राईट्स एण्ड प्रिविलेज़ेस आफ मेम्बर्स ऑफ लेजिस्लेचर्स इन दी कॉमनवेल्थ कन्ट्रीज़। इन देशों में से दो-एक थे जहाँ के सदस्यों को चिकित्सा सुविधाएँ मुफ़्त थीं, इनमें एक तो शायद मलेशिया था और एक हिन्दुस्तान और सिर्फ एक देश था जहाँ उनको मकान मुफ़्त था, वह था हिन्दुस्तान और ऐसा कहीं नहीं था और सिर्फ़ एक देश था कनाडा जहाँ का मतदाता अपने क्षेत्र के सदस्य (सांसद) को बगैर टिकिट लगाये चिट्ठी भेज सकता था। यह उसका लोकतान्त्रिक अधिकार है। हिन्दुस्तान में यह सारा इन्तज़ाम कोलोनियल है और हमने इसे बढ़ावा दिया है। ऐसा ही हमारा मानस बन गया है। एक तरह से अगर हमें कुछ करना है तो हमें इन सब लोगों को निकाल देना चाहिए, राष्ट्रपति को भी । ये किराये की जगह लेकर रहें या होटल में रहें। हम सारा खर्चा देंगे। इन सर्किट हाउसेस, इन सरकारी मकानों ने देश का बड़ा नुकसान किया है, इन्होंने आपको विदेशी बना दिया है जैसे आप यहाँ के न हों, अगर आप यहाँ के होते तो आपको इस चीज़ की ज़रूरत नहीं होती। सरकार का काम मकान किराये पर देना तो नहीं है न। वह कोई जागीर तो नहीं चलाती। वह कुछ और है। पुराने राजा लोग महल वगैरह बनवाते थे लेकिन वे भी हिन्दुस्तान में बहुत नहीं बनते थे। ये तो विदेशी चीज़ है या मुगलों के रहे हों लेकिन उनके भी कुछ ख़ास नहीं हैं। ज़्यादातर १९ वीं सदी के हैं। पहले किले बनते थे। अब किले में दो-चार कोठरी होती थी जिसमें राजा

लोग रहते थे लेकिन यह खास नहीं मिलेगा। लेकिन मैनर हाउसेस यूरोप में पुरानी चीज़ है, वहाँ सोपानक्रम की समस्या है, जो जितना बड़ा आदमी उसका उतना बड़ा मकान और साथ में ज़मीन-जायदाद वगैरह।

उदयन : स्वयं अंग्रेजों ने यह लिखा है कि जैसा कि आपने अपनी पुस्तक में नोट भी किया है कि यहाँ (हिन्दुस्तान) के राजा भी अपने ऊपर कम ही खर्च करते हैं।

धर्मपाल : हाँ, यह वेलेस्ली कह रहा है, और यह एक सामान्य वक्तव्य है। राजा से जुड़े जब अनुष्ठान होते होंगे उसमें तो काफी सारा ख़र्च होता होगा लेकिन उनका जीवन साधारण ही रहा होगा, नौकर-चाकर भी ज़्यादा नहीं होंगे, राजा शायद सब्जी काटता भी मिल जा सकता होगा, यही सब अंग्रेजों को अटपटा लगा होगा कि जो राजा सब्जी काट रहा है उससे राज क्या चलेगा क्योंकि उनके हिसाब से ये सब तो नौकरों के काम हैं और राज्य चलाना एक अपेक्षाकृत गम्भीर काम है।

उदयन : आपका एक विचार यह है कि हिन्दुस्तान एक ऐसी सभ्यता रही है जहाँ लोग बहुत लम्बे समय तक एक ही स्थान पर रहे हैं।

धर्मपाल : ऐसा लगता है कि हिन्दुस्तानी यही मानते हैं। वो यह नहीं मानते कि वे कहीं बाहर से आये हैं। वे ये तो कह सकते हैं कि उनका दादा या परदादा फलाँ गाँव से यहाँ आ गया था। यह कहने में यह नहीं होता कि वे कहीं बहुत दूर से आये हैं, ज्यादातर खुद को पास से ही आया हुआ मानते और बताते हैं जहाँ तक रिश्तेदारियों का सम्बन्ध है वह तो दुनियाभर में ४०-५० या १०० मील के इलाके में ही होती होंगी ज्यादातर लोगों की।

उदयन : लेकिन हिन्दुस्तानी लोग मानते ये रहे कि ये लम्बे समय से यहाँ हैं...

धर्मपाल : कल्पना तो यही है। आप महाभारत पढ़ें या पुराण पढ़ें तो कहीं यह नहीं लगता कि हम कहीं और से आ गये थे। वे अपने को भारतभूमि से छोटा मानते हैं क्योंकि वे यह नहीं मानते कि वे इस भूमि के विजेता हैं।

उदयन : यानी इसके कारण हम हैं, हमारे कारण यह नहीं है। यह अनुभूति एक यूरोपियन आदमी में शायद इतनी नहीं हो?

धर्मपाल : वो तो शायद मान लेगा कि वह यूरोपियन है और इसमें शायद नहीं जायेगा कि वह यूरोप में बाहर से आया था। अध्येताओं के स्तर पर शायद यह बात कही जायेगी कि यहाँ के ज़्यादा लोग आदिवासी थे जो मध्य एशिया या उत्तर से आये और बसे। २०० ई. पू. तक। उसके बाद ज़्यादा आवाजाही नहीं है। लेकिन यह तो होगा कि हम पोलेण्ड के थे और जर्मनी आ गये या हम फ्रांसीसी थे और कहीं और आ गये, ये सब तो होगा। हिन्दुस्तान में यह रहा कि अगर आपके पास ज़मीन का स्वामित्व न भी हो, अगर आप कारीगर हैं, या बग़ैर ज़मीन के हैं लेकिन घर है आपका वहाँ, घर जितनी ज़मीन है आप उसमें साझा करते हों।

उदयन : आपने अपनी किताब 'भारतीय चित्त, मानस और काल' में विद्याओं के पारम्परिक विभाजन की बात कही है—परा और अपरा। परा और अपरा दो अलग किस्म की विद्याएँ हैं, ये जानते हुए भी ऐसा सम्भव है कि प्राचीन भारत में ये फर्क कर्म में ना देखा जाता हो। मान लीजिए कोई अपरा कर्म या विद्या में संलग्न है, बच्चों को पालने-पोसने आदि में उस व्यक्ति के लिए भी वे मानते रहे हों कि इस अपरा कर्म के अन्दर की ही एक अवस्था परा की भी है। परा अपरा में अन्तर्भूत है। वे इस तरह से अनुभव करते रहे हों। अपरा में ही परा स्वप्न की तरह मौजूद

रहती हो और अपरा विद्या में ही वे परा को वो हासिल कर लिया करते हों और बाद की सदियों में ये अलग होती गयी होंगी।

धर्मपाल : अलगाव हुआ होगा। वो हो सकता है कि वे एक ही थीं। जैसे अपने यहाँ बहुत (विभाजन) दिखाया है न वेदों में, वर्ण में। तो विद्याओं में भी विभाजन हुआ होगा, बाद में। समय के साथ ये हो गया होगा। और इसलिए पहले वाली स्थिति परेशान नहीं करती होगी, ये परेशान करने लगा। यहाँ ये कहने की बात उठ गयी कि इसमें ज्यादा मत पड़ो। वो जब एक ही था तो ये कहने की बात ही नहीं थी। उसमें एक आन्तरिक सन्तुलन चलता रहा होगा। मुझे इस बरे में बहुत नहीं मालूम, यह मेरा विषय नहीं है। जब **भारतीय चित्त मानस काल** लिखा गया तो हमारे मित्र लोग उसके बहुत खिलाफ थे कि नहीं लिखना चाहिए और ये कि ये अंग्रेजी में तो लिखा ही नहीं जा सकता। हिन्दी में भी नहीं लिखा जा सकता है। संस्कृत में लिखा जा सकता है। मैंने कहा कि संस्कृत कितने दिन में आयेगी तो हिन्दी पर राज़ी हो गये। फिर ये हुआ होगा कि ये लिखने के अधिकारी नहीं है।

उदयन : हिन्दुस्तान में पराविधा और अपराविधा का उस रूप में किसी हद तक सन्तुलन रहा लेकिन दूसरी परम्पराओं में तो शायद ये असन्तुलन लगातार रहा हो।

धर्मपाल : परिवर्तन, विकास, प्रगति तो उसी असन्तुलन में से निकला है। नहीं तो निकलेगा नहीं। वे ऐसा सोचते हैं कि ईश्वर द्वारा रचे जाने के बाद मनुष्य शुरू में भ्रूण अवस्था में है और उसमें ये-ये सम्भावनाएँ है, लेकिन वह महज़ है, उसे बड़े होकर परिवर्तन लाना है। फिर उसको सलाह दी जाती है--हि शुड बिकम द कंकरर--उसे विजेता होना चाहिए आदि-आदि। विजेता होगा तो परिवर्तन ही करेगा न। उनकी

ये दिशा है। हमारी दिशा तो दूसरी है।

चीनियों का साभ्यतिक विचार हमसे मिलता-जुलता होगा लेकिन कितना मिलता-जुलता होगा, ठीक-ठीक मालूम नहीं। चीनी माने कोरिया, जापान समेत वो सारा इलाका। एक तो ये है कि इन यूरोपियों ने चीनियों से लिया, हमसे लिया या हमने दिया लेकिन इनका भी अपना तो कुछ होगा। कोई आधार तो होगा। कहीं पर रुट्स होंगे, सब आहरित नहीं होगा। तो वो क्या है, वो हमें मालूम करना चाहिए। मैं सोचता था कि इस पर तो काम होगा।

साइंस टेक्नोलॉजी की किताब (**इण्डियन साईंस एण्ड टेक्नोलॉजी इन ऐटीन सेंचुरी**) में जो डाटा है उसका परीक्षण तो किया जा सकता है, उसका विस्तार किया जा सकता था...और खोजा जा सकता था। और उसमें जो डाटा कुछ दिया है उस पर प्रयोग हो सकते थे। डी.एस. कोठारी यू.जी.सी. के चेयरमैन थे, इस किताब के पहले संस्करण में उनका प्राक्कथन भी है और एक अमरीकन की १०-१२ पन्ने की भूमिका है। वह अच्छा वैज्ञानिक था, उसने लिखा लेकिन थोड़ा हिसाब लगाकर कि ज्यादा बुराई भी न हो। बाद में जब वो लौटकर लन्दन गया तो उसमें जो दो-तीन चीज़ें ब्रिटिश लाइब्रेरी लन्दन से थीं उनकी जाँच की। क्योंकि वो लिख तो गया था लेकिन उसको विश्वास नहीं हुआ था। लेकिन इस पर यहाँ काम नहीं हुआ। किसी को दिलचस्पी नहीं है। या तो ये मान लिया गया है कि सब तो मर गया है। जैसे ये माना है कि हिन्दुस्तान के लोग मर गये हैं। वैसे ये भी मर गया है। हाँ रहा होगा अब क्या करें।? आगे चलो ना। लेकिन इस पर विचार हो क्योंकि इससे अपनी समझ आ जायेगी और फिर पश्चिम को भी हम समझ लेंगे और कुछ शायद हममें अपनी किस्म का डायनिज्म वगैरह भी आ जायेगा। और ये असन्तोष कम

हो जायेगा। अभी तो हम या तो अपने को गाली देते हैं या दूसरों को गाली देते हैं।

उदयन : क्रिश्चियनाइजेशन आफ इण्डिया की जो बहस है हम उस पर आयें। मुझे यह किसी हद तक ठीक बात लगती है कि आधुनिकीकरण ईसाईकरण की निरन्तरता में है और ये भी लगता है कि यूरोप जिसे वे भले ही सेक्यूलर सोसायटी की तरह पेश करते हों पर ऐसा है नही। दरअसल उन्होंने धर्म के सारे नियम-कायदों को अपनी व्यवस्था में ला दिया है। इस तरह यूरोप अपने आप में ही एक चर्च में तब्दील हो गया लगता है। मतलब ईसाईयत वैसे भी नैतिकतावादी धर्म था, इसलिए उससे उदभूत व्यवस्था में सबको ही पता रहता है कि सही क्या है, गलत क्या है? प्रश्न उस रूप में उठते नहीं हैं कि कौन-सी चीज के लिए कौन जिम्मेदार है? क्योंकि वे सबको पहले से पता है हिन्दुस्तान में, आपका कहना है, कि क्रिश्चियानईजेशन हो नहीं पाया। तो एक स्तर पर आधुनिक जो भारतीय हो सकता है कि यह अच्छा ही हुआ हो, यह मुझे नहीं पता। उनका तो हो गया है, कम से कम किसी एक स्तर पर, ऊपर से ही अन्दर से न हुआ हो।

धर्मपाल : उनको आधार नहीं मिला। क्योंकि ये वृहत्तर समाज में नहीं हुआ इसलिए नहीं है। इतने ताकतवर नहीं हैं वे। वे ताकतवर बन जाते तो उन्हें फिर वेस्ट वगैरह का ख्याल भी नहीं रहता। वे सोचते हमें जो पाना था पा लिया। फिर उसको स्थापित करते, वो नहीं हुआ। ये ऊपर ही ऊपर है। वेस्ट के आदमी में पहले से ही क्रिश्चियन क्वालिटी या टेस्टामेंट क्वालिटी हैं, क्रिश्चियनिटी के लिए वो ठीक जगह मिली। क्रिश्चियनिटी बहुत जगह गयी हैं और उसकी आत्माभिव्यक्तियाँ भी अलग-अलग हैं। मध्य पूर्व वगैरह ईसाई सीट की हैसियत रोम के बराबर

है। लेकिन इनका बहुत प्रभाव नहीं है। और ये यूरोपीयन ईसाईयत से भिन्न होंगे। यूरोप से ईसाईयत यूरोपीय अन्तर्सम्बन्धित है। यूरोपीय अतीत से जहाँ तक उसके विशिष्ट आयामों का प्रश्न है जैसे प्लेटो है या उसके पहले के जो महत्वपूर्ण प्रबुद्ध लोग हैं उस बात को पक्का कर रहे हैं। क्रिश्चियनिटी ने उस सब को इकट्ठा कर दिया। बड़ा बना दिया। और उसका विस्तार हो सका। और ये जो विजय का विचार था पश्चिम में क्रिश्चियनिटी उसमें जुड़ गयी। उसका समर्थन किया। पश्चिम तो विजयी इलाका है और विजित भी है। पश्चिम में अलग-अलग ट्राइब्स आये। २००० ईसा पूर्व से १२०० ईसवी तक तो आते ही रहे। उन्होंने ही पश्चिम को आबाद किया है। एक-दूसरे को मारा है। उसके बाद वो साम्राज्य खड़ा हुआ है--रोमन साम्राज्य वगैरह और उसने लोगों को बेदखल किया और दास बनाया और उसमें से ढाँचे निकले। फिर वो सभ्यता थोड़ा गिरती है, उठती है। वो सब कुछ जो वेस्ट ने दुनिया में किया पहले वहाँ हो चुका है। ये मानना कि पश्चिम ने संसार के साथ कोई बहुत ज्यादती की, बहुत सही नहीं है। पश्चिम ने जो अपने साथ किया वही दूसरी जगहों में किया है।

अपने यहाँ जो हुआ है, ये ऊपर-ऊपर है। उससे ज्यादा नहीं है। मान लीजिए हजारेक परिवार होंगे भारत में जो बहुत पश्चिमीकृत हो चुके हैं, लेकिन उनका पश्चिमीकरण बैठेगा नहीं। वे अगर पश्चिम में चले जायें तो बच नहीं पायेंगे। वे खास जगहों पर है इसलिए चल रहा है। विजय के गौण परिणाम हैं। जो अंग्रेज सन् ४७ में वापस गये, उनमें से ज्यादा को वहाँ मुश्किलें हुई। तो वे आस्ट्रेलिया वगैरह चले गये। कनाडा चले गये। क्योंकि वह इंग्लैण्ड तो बदल चुका था जिसको वे जानते थे। वो अब भी विस्तारवादी था लेकिन वो दूसरी तरह का विस्तारवादी हो

गया था जिससे उनका परिचय नहीं था। इनका तो 'एवर एलर्ट' वाला किस्सा है वरना ये एलिमिनेट नष्ट कर दिये जायेंगे।

उदयन : तो क्या आपको ये महसूस हो रहा है कि खुली अर्थनीति में हिन्दुस्तान जिस रूप में आज है, उसके कारण यहाँ की बड़ी जनसंख्या एलिमिनेट होती चली जायेगी?

धर्मपाल : हाँ। ज्यादा जगह की। और हो सकता है उनके यहाँ भी, यूरोप में भी और अमेरिका में भी यही हो। वहाँ फिर वो सवाल नहीं उठेगा। वे कहेंगे कि अब ये २५ करोड़ आदमी अमरीका में हो गये हैं, हम नहीं सँभाल सकते इसे दो-तिहाई कर दो और उसके पचास तरीके हैं। वहाँ इस पर कोई रोना-धोना नहीं होने वाला है।

उदयन : क्योंकि वो उनके इतिहास में मौजूद हैं...

धर्मपाल : वो मौजूद है और ऐसा होता है। यह ज़रूर है कि जीवन खोने की पीड़ा आयेगी। लेकिन इसकी वे फ़िक्र नहीं करेंगे। वो लड़ाई नहीं बन्द कर देंगे। जैसे अर्जुन रोने लगा है न, वो नहीं होगा और अन्ततः अर्जुन को भी तो रोने नहीं दिया गया न...श्रीकृष्ण जैसे जो लोग हैं, वे यूरोप को चलाते हैं। ये बात अलग है कि श्रीकृष्ण जो बनाना चाहते हैं वो दूसरी तरह का है और जो यूरोप वाले बनाना चाहते हैं वो दूसरी तरह का है लेकिन जो ध्यान का रूप है न वो एक ही तरह का है। जो यूरोप का आदमी रहा होगा गौतम बुद्ध के समय में और आज के मल्टीनेशनल के जमाने में, एक ही तरह का है। उसके कुछ आनुवंशिक कारण भी होंगे और फिर जलवायु का प्रभाव वगैरह भी है लेकिन ये काम्प्लेक्स प्राडेक्ट हैं। जैसे हम भी काम्प्लेक्स प्रोडक्ट हैं, वे भी हैं और उसमें से निकलना शायद आसान नहीं है, समूह के हिसाब से। व्यक्ति के हिसाब से तो है, उसके रास्ते हैं। यूरोपीय 'ट्रूथ' (सत्य) की खोज कर रहे

हैं, ईश्वर की तरह होने के लिए। ट्रूथ तो अजीब-अजीब तरह के हैं क्योंकि गांधी जी भी सत्य ढूँढ रहे हैं, आइस्टाइन भी सत्य ढूंढ रहे हैं वियतनाम में जो आर्गेनिक बम बनाया, वहाँ भी सत्य ढूँढ रहे थे। उसका मेनिफेस्टेशन दिखा रहे हैं। उसमें से महात्मा गांधी वाली बात से निकालना कि सत्य इज गॉड (ईश्वर ही सत्य है), वो नहीं है...

उदयन : ये सत्य कुछ और तरह का है...।

धर्मपाल : क्योंकि महात्मा गांधी अपनी सभ्यता से परिसीमित हैं। उससे बाहर नहीं है और उसकी जो सीमाएँ हैं वो होंगी। लेकिन आप उसे सब पर लागू करना चाहें तो दोष बहुत बड़ा हो जायेगा। अफ्रीकी लोगों का क्या सत्य है, मुझे नहीं मालूम लेकिन हो सकता है काफी भिन्न हो हमारे सत्य से या यूरोप से भी। उनका रास्ता भिन्न हों। वो जैसे उसको समझना चाहते हैं जैसे उसका बोध करना चाहते हैं। प्रयोग करके या भौतिक प्रक्रियाओं में से निकालकर, वो भिन्न है। पश्चिम मूलतः इण्टयूटिव नहीं है। इण्टयूशन काम करती होगी पर मूलतः वह वहाँ है नहीं।

उदयन : आपको लगता है कि गांधी जी कि सत्य वाली बात ठीक नहीं है।

धर्मपाल : मुझे नहीं लगती।

उदयन : उससे भ्रम हो जाता है।

धर्मपाल : जब वे अपने लोगों से बात कर रहे हैं तब ठीक ही है। और वो ज्यादा तो अपने ही लोगों से बात कर रहे हैं। वो ये तो नहीं सोच रहे हैं, जब वो बोलते हैं, कुछ करते हैं कि इससे सौ किताबें बनेंगी और ये सोचा होगा कि जैसे सब चला जाता है, ये भी चला जायेगा।

लेकिन जो मैं एसेन्सियल कुछ कर जाऊँ कह जाऊँ, वह शायद याद रहे।

दरअसल किया क्या महात्मा गांधी ने और कैसे किया? उसमें जाना चाहिए था। उसका विश्लेषण वगैरह-वगैरह। क्योंकि ये महात्मा गांधी ने भाषण दिया या ये चिट्ठी लिखी, उससे तो लोग प्रभावित नहीं हैं न। महात्मा गांधी के जो लोग प्रिय हो गये वो तो कुछ और चीज उनमें देख रहे है। उनमें कुछ देवत्व देखते है। अवतार देखते हैं। जब ९ जनवरी १९१५ में गांधी भारत आये, सम्पादकीय छपे हैं बहुत जगह हिन्दुस्तान के अखबारों में, दो-तीन दिन के अन्दर। हिन्दू में सम्पादकीय है, शायद दो-एक कॉलम का। जैसे वे उनमें अवतार अनुभव कर रहे हों। अवतार शब्द शायद नहीं है। ऐसा आदमी कोई आ गया है जो अब तो बचा लेगा यह आशय है उनका नाम आया है, बहुत फैला है, जो मज़दूर लोग दक्षिण अफ्रीका गये हैं जो दक्षिण भारत के हैं, और जगहों के भी हैं, उन्होंने अपने घर खबर भेजी है। पाँच-सात साल से भेज रहे होंगे। वो यह खबर भेज रहे हैं कि वीर पुरुष पैदा हुआ है और उसमें देवत्व है।

उदयन : ये चिट्ठियाँ हैं...

धर्मपाल : रही होंगी। मैथिलीशरण गुप्त ने *भारत-भारती* १९१२ में लिख रहे हैं और महात्मा गांधी की कुछ बात कर रहे हैं। वो हैं या आ रहे हैं। अपेक्षाएँ हैं। उस पर कुछ काम होना चाहिए था। गिरिराज किशोर का उपन्यास *'पहला गिरमिटिया'* अच्छी ही किताब है मेरे हिसाब से। उसमें उन्होंने दक्षिण अफ्रीका का दिया है लेकिन हिन्दुस्तान में क्या हो रहा है, उसका अन्दाजा नहीं लिया है। लेकिन उस पर काम होना चाहिए। गांधी के आने के बीस दिन के अन्दर उनको कर्मवीर महात्मा गांधी का अभिनन्दन पत्र मिला है काठियावाड़ के पास। उन्हें महात्मा कहा

गया है।

उदयन : यह दक्षिण अफ्रीका में नहीं हुआ।

धर्मपाल : नहीं, अफ्रीका में नहीं है। यहीं हुआ। जैसे महाभारत में धृतराष्ट्र को भी महात्मा कहा है। ऐसा कुछ रहा होगा।

उदयन : यहाँ कई अखबारों में सम्पादकीय है...

धर्मपाल : लन्दन में तीन-चार में तो मैंने देखे थे। हिन्दी वगैरह के अख़बार मुझे नहीं मिले। हिन्दी के कुछ अखबार तो रहे ही होंगे। कुछ और भाषाओं के अखबारों में रहे होंगे। उसका एक अध्ययन कुछ लोगों को करना चाहिए।

उदयन : क्या आपको लगता है कि ये एक किस्म की जो प्रतीक्षा है, कलियुग में अवतार की इस रूप में लोगों के दिमाग में रही होगी शायद.

धर्मपाल : मुझे लगता है कि शायद यह होता है। अपने देश में ये एक तरीका है। अपने देश के लोग साधारणतः जो कर सकते हैं, वो तो वे करते हैं और जो उनके बस का नहीं रहता, वे उसके लिए प्रतीक्षा करते हैं।

उदयन : लेकिन ये मसीहा की जो प्रतीक्षा है, यूरोप में।

धर्मपाल : वो मसीहा अलग है। वह संसार से बचाता है। मसीहा टेक्स यू टू साल्वेशन। ये वो मसीहा वाला मसला नहीं है। अवतार तो सम्बलन है, ईश्वर की तरह से वह आकर संसार को ठीक-ठाक कर देगा और ये उसे फिर खराब कर देंगे। इस तरह, संसार चलता रहता है।

उदयन : जबकि मसीहा आपको इस संसार से बाहर ले जाता है।

धर्मपाल : हाँ सबको। वो सारा क्लोजिंग ऑफ अकाउण्ट है या

वो हिसाब-किताब पूरा करने आता है। मुसलमानों में भी और यहूदियों में भी फैसले का दिन है। मसीहा मुख्य नहीं है। यहूदी मसीहा नहीं मानते, उनके यहाँ शिक्षक हुए हैं लेकिन फैसले का दिन है। वो डे ऑफ जजमेण्ट के दिन आयेगा। उसे मसीहा कहिए या यम कहिए।

उदयन : अवतार कुछ और है...

धर्मपाल : अवतार सन्तुलन कायम करने आता है। ईसाईयत में तो इस सृष्टि में होना ही पाप है। अपने यहाँ ऐसा नहीं है। यहाँ के मौलिक विचार में ये नहीं है जरा भी। अब आधुनिक विचार में कुछ हो गया होगा शायद।

उदयन : ये आप कह रहे थे कि हम लोगों को कुछ समय के लिए यूरोप से एकदम नाता तोड़ लेना चाहिए। और दक्षिण पूर्व एशिया से नाता जोड़ना चाहिए और उसे बढ़ाना चाहिए। ऐसा क्यों करना चाहिए? क्या ऐसा हो सकता है?

धर्मपाल : होने को सब कुछ हो सकता है। पहले जो कुछ भी हुआ है तो वो सब उलट सकता है, दुबारा हो सकता है, आल्टरनेट कर सकता है। वो हो ही सकता है पर उसके लिए क्या-क्या करना पड़ता है। उसमें संयोग का सवाल आता ही होगा। मतलब आपने किया और नहीं हुआ। ये आवश्यक नहीं है कि कुछ किया जाय तो उसमें से कुछ निकले ही। नहीं भी निकल सकता है। क्योंकि संयोग के अपने संयोजन होंगे। वो है न कि आदमी पुण्य कर रहा है, ईश्वर भक्त है, उसकी ईश्वर कोई खबर नहीं लेता, और ईश्वर किसी पापी से आदमी पर लट्टू हो जाता है, अपने यहाँ तो इसको मानते हैं।

उदयन : लेकिन इसका तोड़ने से क्या सम्बन्ध...

धर्मपाल : हंटिंगटन की किताब है **'क्लैश आफ सिविलाइजेसंस'** —हार्वर्ड का अध्येता है—सभ्यताओं का संघर्ष। अमेरिका के फारेन अफेयर्स जर्नल की बड़ी इज्जत है और इन्होंने उसमें **'क्लैश आफ सिविलाइजेशन'** पर एक लम्बा लेख लिखा ७-८ साल पहले। उस पर काफी बहस हुई। ऐसे लोग भी हैं न जो मानवीय सभ्यता की गति को एकरैखिक मानते हैं, इन लोगों का सामान्य तर्क यह है कि मॉडर्निज्म और ग्लोबलिज्म उसी के बहाव में आते हैं और यह गति उलटी थोड़े ही हुआ करती है। इसे तो आगे ही जाना है। यह इन लोगों का सामान्य तर्क है। इस किताब में हंटिंगटन कह रहा है कि इस दुनिया में और भी सम्यताएँ हैं। सात-आठ के नाम लेता है--और यह कहता है कि इनके अपने देखने के ढंग अलग-अलग हैं और उनके सत्य अलग हैं। उस की इस बात पर बहस हुई और अन्तरराष्ट्रीय समुदाय ने उस पर लिखा-विखा। उसके बाद उसने यह किताब लिखी है। इसमें सम्भावनाएँ यह हैं कि अलग-अलग तो होता ही है। इन सब सभ्यताओं को नियन्त्रण में रखकर एक बनाया जाय या आपसी मेल रखा जाये, यह समस्या है। यह लेखक बीच का रास्ता लेता है।

हंटिंगटन भी कहता है और वालेस्टाइन करके एक आदमी है, वो ग्लोबलिज्म वगैरह की बात करता है, रोमन वर्ल्ड आर्डर्स की बात करता है, वर्ल्ड आर्डर्स, विश्व व्यवस्था की बात करता है कि वे होते रहते हैं। वे लोग और कुछ और लोग कहते हैं कि १३ वीं शताब्दी में एक और वर्ल्ड आर्डर था विश्वव्यवस्था थी और वो ज़्यादा एशिया वगैरह में थी और थोड़ी बहुत यूरोप में थी लेकिन यूरोप तो पिछड़ा था। ये विश्व-व्यवस्था रहती हैं उसमें प्रभुता और संयोजन भर की मुश्किल है। पहले भी आज की तरह की विश्व व्यवस्थाएँ थी और उसी तरह की थी जैसी रोमन विश्व व्यवस्था । मैं ये कह रहा हूँ हम यानी हिन्दुस्तान, पाकिस्तान,

बांग्लादेश श्रीलंका वगैरह ये बिल्कुल भूल गये हैं। इन्हें अब याद नहीं है कि आज से ५००-७०० साल पहले क्या होता था? इनके यहाँ या इनके आस-पड़ोस में।

सन १४०३ के करीब एक चीनी एडमिरल है और ३० बरस के करीब वो चीन से मोजाम्बिक तक घूमता है और उसके साथ ३०० जहाजों का बेड़ा हैं और चार महीने तक वह कालिकट के बन्दरगाह में रुकता है और उसके साथ कोई अट्ठाईस हज़ार सिपाही हैं। ये मामूली संख्या नहीं है और इसी तरह से चीन के राजदूत बंगाल में हैं, उसी काल में। हिस्टोरिकल एटलस लन्दन टाइम्स वालों ने कभी हिस्टोरिकल एटलस छापी थी, एटलस के जर्मन एडीशन में एक नक्शा है, उसमें चीन की जलयात्राओं के बारे में बहुत है, उसमें इस एडमिरल का काफी वर्णन है। चेंग हो नाम है उसका। मैंने इंग्लैण्ड से मँगाई वो एटलस। पर उसमें वो पन्ना ही नहीं है। इंग्लैण्ड वालों ने माना हो कि ये तो महत्वपूर्ण बात नहीं है कहने की। या सोचा हो, नहीं कहना चाहिए।

अभी इस्लाम पर दो किताबें पढ़ रहा था किसी अमरीकन की भारतीय इस्लाम पर, उसमें फिर चेंग हो आ जाता है। हमें अन्दाजा ही नहीं है कि ये विश्व-व्यवस्था होती क्या है? ये हमें जानना चाहिए। और उन एशियाई तरीकों के अनुरूप आप अपनी दुनिया बना लीजिए। उसमें जो पश्चिम के साथ लेना हो ले लीजिए देना हो दे दीजिए। लेकिन पश्चिम के सहउत्पाद तो मत बनिए। ये नहीं कि उसके पीछे-पीछे आप कुली की तरह चल रहे हैं। लेकिन आप तब तक नहीं निकल पायेंगे जब तक आप अपने को नहीं समझेंगे। १८ वीं शताब्दी वाला मेरा काम भी उसी के लिए था। लेकिन १८ वीं शती से ही काम नहीं होने का और पीछे जायें काम उससे आपको ये जानकारी हो जायेगी और कुछ और

करने की आप में हिम्मत भी आ जायेगी, हिम्मत तो कहीं और से आयेगी। लेकिन जानकारी तो कर लीजिए।

उदयन : एक विश्व-व्यवस्था आपके पास रही है, उसका आपको पता तो चले।

धर्मपाल : यह पता चले कि वे लोग व देश कैसे क्या करते थे? क्या होता था? और इतनी बड़ी घटना है कि चीन के २८००० सैनिक या नाविक कालिकट के तट पर रहे हैं तो औरों के भी तो रहे होंगे। अरब हैं, दूसरे लोग हैं और हमारे भी जाते हों शायद। कुछ तो होता होगा। उनके खाने-पीने का इन्तजाम करना पड़ता होगा। यह सब ऐसे ही नहीं हो जाता होगा।

उदयन : हमें यह जानने की कोशिश ज़रूर करना चाहिए इन सबके बीच के सम्बन्ध का रूप क्या था?

धर्मपाल : हाँ और इस भौतिक विश्व की सम्भावनाएँ क्या-क्या होती हैं, अलग-अलग समय पर। कर्नाटक में एक जगह है, धर्मस्थल है वहाँ शिव मन्दिर है। पाँचेक सौ साल पुराना होगा, ज़्यादा भी हो सकता है। विजेन्द्र हेगड़े उसका रख-रखाव देखते हैं। उनके ही परिवार के पास चार-पाँच सौ साल से उसके रख-रखाव की जिम्मेदारी है। उसका पुजारी उडुपी का वैष्णव है और ये शैव मन्दिर है। वे बतला रहे थे कि सोमवार को, जो कि शिव का दिन माना जाता है तीस हजार तक लोग आते हैं। वहाँ प्रसाद लेना जरूरी है। तीन दिन तक आप वहाँ ठहर सकते हैं और तीन दिन तक वे आपको खिलायेंगे। उसके लिए उन्होंने तीसेक साल पहले एक स्पेशल हॉल बनाया है जिसमें देश भर के पत्थर लगे हैं। उसमें हजारों लोग एक साथ खाने को बैठ सकते हैं। इनके यहाँ कुकिंग वगैरह हाई पावर स्टीम से होती है। उनसे एक दिन दो-एक घण्टे मेरी

बात हो गयी। मैं उससे पन्द्रह-बीस दिन पहले जगन्नाथपुरी गया था। मैं उनसे कह रहा था कि वहाँ तीन सौ चूल्हे जलते हैं और खाना बनता है मिट्टी के बर्तनों में। तो कहा उन्होंने कि अपनी-अपनी जगह का होता है। पहले जगन्नाथपुरी में सात सौ चूल्हे हुआ करते थे। उनमें खाना बनता है और एक पूरा गाँव है कुम्हारों का जो उनको मिट्टी के बर्तन देता है। पहले जमाने में उसका पैसा-वैसा नहीं देना पड़ता था। आजकल देना पड़ता है। लेकिन प्रथा वही है। ये सब करने के लिए कोई मॉडर्न टेक्नोलॉजी की जरूरत थोड़े ही पड़ती है। लाख आदमी को खिलाना है तो लाख आदमी को खिलाया जा सकता है।

उदयन : कालिकट में, हो सकता है, ये बार-बार होता हो...

धर्मपाल : हो सकता है...।

उदयन : और वो युद्ध नहीं है..

धर्मपाल : युद्ध नहीं है। वे शायद कुछ गश्त कर रहे हैं। मोजम्बिक से लेकर चीन तक के इलाके का गश्त है उनका। और लिखा है कि वे जब वापस जाते हैं तो यहाँ के प्रतिनिधियों को ले जाते हैं और दूसरी पारी में उन्हें ले जाकर उनके घर छोड़ देते हैं। ये सब चलता होगा। ये सब अपने तरीके हैं रिश्ता कायम करने के। हमारे यहाँ पुराने जमाने में ये रिश्ते कैसे कायम होते थे?

उदयन : उनके आधार क्या होते थे?

धर्मपाल : हाँ, क्योंकि आपको गुलाम बनाना ही तो एकमात्र रिश्ता नहीं है। कुछ और भी रास्ते होंगे। इन्हें समझ लेंगे तो थोड़ी आसानी होगी।

उदयन : आपका ये सोचना है कि जो यह एशियायी विश्व-व्यवस्था

रही होगी, उसे गहरायी से जानने की ज़रूरत है।

धर्मपाल : हाँ, वो इस किताब (सभ्यताओं का संघर्ष) के कारण नहीं है, वह मैं पहले से ही समझता रहा हूँ कि हमारी दुनिया अलग है। और बहुत लोगों की दुनिया अलग है और उन्हें थोड़ा अलग हो जाना चाहिए और बीच-बीच में थोड़ा फासला कर लेना चाहिए। इतना नजदीक नहीं आना चाहिए। और ये मानना चाहिए कि सबको रहने का अधिकार है। अगर वे सृष्टि में बने हैं तो जैसे वे जैसे भी हैं उन्हें अधिकार है। जैसे साँप-बिच्छू सब रहते हैं ना। इसी तरह ये मान लेना चाहिए कि मनुष्य में भी उसी तरह की विविधता है मानव-जाति जैसी चीज मैं नहीं मानता। मानव जाति जैसी कोई चीज नहीं है, मनुष्य है। यहाँ के हिसाब से मनुष्य जीवन के दूसरे रूपों के साथ होता है, उसका संसार उनके साथ बनता है, और उससे स्थानीयता आती है, और विभिन्न स्थानों की स्वायतत्ता-सी है, हालाँकि जुड़े रहते हैं इसीलिए हमारे यहाँ, मेरे खयाल से रामायण-जैसी चीजें लिखी जा सकी है।

उदयन : जिनमें पशु-पक्षियों से बातचीत है और...

धर्मपाल : आदमी का रिश्ता अपने करीब के जीवों ज़्यादा, दूरस्थ मनुष्यों से कम है। ये नहीं है कि सभी मनुष्य मिलकर पशुओं या पक्षियों पर चढ़ाई करके उसका नाश करते हैं, आधुनिक मनुष्य की तरह यह हमारा तरीका नहीं है और व्यवहार में सब जगह वही होता है। अमरीकन समाज में लोग स्थायी से रहते हैं, आधे लोग तो स्थायी ही रहते हैं न, जो उनका पचास-सौ मील का इलाका होगा वही सब है न। बाकी अमरीका में आग लग गयी है तो क्या करें भई?

ये जो मानव केन्द्रित दृष्टि है वह आधुनिक पश्चिमी ईसाई है, ये हमारी नहीं है। हम ये भाषा बोलने लगे हैं और हो सकता है कि गांधी

जी वगैरह में भी शायद ऐसा हो गया हो। क्योंकि ये जब चलने लगता है तो मुश्किल होता है। हमारा प्रिंसिपल ऑफ फार्मेशन दूसरा है, वो हम दूसरी तरह से करते है और उसी में ये सारा बैठ जायेगा, पक्षियों को खिलाना, कौए के लिए अन्न रखना आदि।

उदयन : तो एक तरह से जब आप १६ वीं, १७ वीं, १८ वीं शताब्दी के भारतीय समाज के तथ्य इकट्ठा किये तो इनको ढूँढते हुए, कहीं न कहीं हम उस विश्व व्यवस्था को भी खोज लेते हैं, एक हद तक अचेतन रूप से, जिसमें अभी भी हम रह रहे हों। लेकिन वो चेतना के धरातल पर आ जाये ताकि हम जो सचेत निर्णय लेते हैं, मान लीजिए अन्तरराष्ट्रीय सम्बन्ध को लेकर, या अर्थव्यवस्था को लेकर, अपनी सरकारों के गठन को लेकर, उसमें फिर फर्क पड़ेगा। ये कोई ऐसा नहीं कि अतीत को ही जान लिया लेकिन इन चीजों को जानकर हम शायद खोये या अदृश्य विश्व-व्यवस्था के हिस्सों को जान रहे हैं। जैसे किसी चीज का एक टुकड़ा मिल जाता है, उसको शायद हम बना सकें पूरा। जैसे कोई बर्तन हो जिसके टुकड़े मिल जाएँ। इससे एक बर्तन की कल्पना हमारे मन में आ जाती है फिर शायद हम कहें कि हम इससे अलग कुछ करना चाहते हैं। अभी तो हमारे पास कोई विकल्प है नहीं। आपके काम को देखकर यह नहीं सोचना चाहिए कि यह महज १८ वीं या १७ वीं शती के भारत की विज्ञान या टैक्नोलॉजी या शिक्षा के बारे में है बल्कि उसे व्यापक परिप्रेक्ष्य में देखकर यह सोचना चाहिए कि ये उस विश्व-व्यवस्था को खोजने का उपक्रम भी है जिसका भारत भी भाग रहा होगा क्योंकि हर समाज किसी न किसी विश्व-व्यवस्था का भाग तो रहता ही है।

धर्मपाल : इन कामों में १८ वीं सदी का आना तो खाली संयोग

है कि ये लोग कोई बात तब कहते थे जब अंग्रेज आये थे, लेकिन इसका कुछ पता नहीं था। इनका रिकार्ड मिल गया। कागज-वागज मिल गये। वो कागज नहीं मिलते तो ये सब नहीं होता। या कोई और दो सौ बरस पहले के कागज मिल जाते और उन्हें पढ़ना आसान होता तो उन पर काम होता। सवाल यह था कि ये भारतीय अपनी सभ्यता को कैसे चलाता रहा है? इसकी मानसिकता क्या रही है? इसके प्रकृति से सम्बन्ध क्या रहे हैं? यह समझा जाये। और फिर इसे व्यावहारिक होना है तो ये अपनी समझ खुद बना लेगा। ये चाहे तो यूरोप वालों जैसा भी हो सकता है। उनसे भी ज्यादा क्षिप्र हो सकता है। लेकिन ये तो उसका विकल्प है। हम सिर्फ़ अपनी राय दे सकते हैं। लेकिन ये गड़बड़ में पड़ जायेगा अगर इसे अपने विषय में मालूम ही न हो। वो ठीक नहीं है, पता तो होना ही चाहिए हो सकता है कि सारे भारत में एक ही तरह की व्यवस्था न रही हो। चार-छः तरीके हो सकते हैं। जो मॉडल बनें, वो अलग-अलग तरह के बन सकते हैं। थोड़ी स्वतन्त्रता मिल जाय। इसमें बात खुलेगी तो दुनिया के लोगों को विकल्प मिलेगा कि और भी सम्भावनाएँ हुआ करती हैं। और वे भी सुन्दर हुआ करती है और उनमें मारकाट भी हुआ करती है।

पश्चिम के आधुनिक मनुष्य के मन में प्रश्न तो उठते होंगे लेकिन निकलें कैसे? मुझे शायद किसी ने सन् ४८-४९ में लन्दन में कहा कि बट वी काण्ट गो अगेन्स्ट प्रोग्रेस, लेकिन हम विकास के विरूद्ध नहीं जा सकते। प्रोग्रेस जैसे कोई राक्षस हो। वह व्यक्ति कोई चिन्तक या सन्यासी नहीं था। साधारणतः यही कहा जाता है न कि ग्लोबलाइजेशन ठीक नहीं लेकिन कोई और विकल्प भी नहीं। ऐसे ही चलना पड़ेगा। मानो यही सब कुछ हो।

उदयन : आप सोचते हैं कि इस वैकल्पिक विश्व-व्यवस्था के इतिहास, भूगोल, उसके विज्ञान, उसकी बोलियों, उसके अपने और दूसरे से सम्बन्धों को समझने कोई विश्वविद्यालय बने?

धर्मपाल : विश्वविद्यालय या कुछ भी। मतलब ४०-५० अध्येता हों जिन्हें बहुत भाषाएँ आती हों। १५-२० भाषाओं का ज्ञान हो, कुछ इधर की भाषाएँ, कुछ यूरोप की जिसमें सामग्री हो सकती है, सन् १५०० ईसवी से पहले की। वो इस विश्व की तस्वीर कुछ बरसों में प्रस्तुत करें।

उदयन : इस काम में कब से कब तक की अवधि शामिल की जाये?

धर्मपाल : ईसा पूर्व ६०० से लेकर १५०० ईसवी तक। ईसा पूर्व ६०० कनफ्यूशियस और गौतम बुद्ध वगैरह का समय माना जाता है और १५०८ ईसवी में यूरोपीय अधिग्रहण शुरू हो जाता है। क्या-क्या मिलेगा, ये नहीं कहा जा सकता। यूरोप के प्रभुत्व के पहले का विश्व, यूरोप के अलावा दूसरी जगहों की सामग्री अगर पुराने अमेरिका की भी कोई सामग्री मिलती है तो ठीक है जैसे कोई चीनी अभिलेख है कि कोई बौद्ध भिक्षु ५०० ईस्वी में अमेरिका गया है। जब खोजना शुरू होगा, क्या क्या मिलेगा, कौन जानता है। ये चीजें जब खुलने लगती हैं तब क्या मिल जाये इसका कोई ठिकाना नहीं होता। ये जो १८ वीं सदी वाला काम है उसका मुझे ये कहाँ अन्दाजा था कि इस तरह की सामग्री मिलने वाली है जैसे कि बर्फ बनती थी इलाहाबाद या बनारस में या कि भारत में चेचक के टीके लगा। ये जाते थे। ये टीके वाला हिस्सा मैंने लन्दन में देख लिया। कैटलॉग देख रहा था ब्रिटिश लाइब्रेरी का। वो ३०० वोल्यूम में कैटलॉग है। उसमें ऐसे ही देख रहा था हॉलवेल के बारे में जो बंगाल

का गवर्नर भी हुआ है। वोल्यूम निकलवाया तो उसके नाम के आगे आ गया कि *दि प्रैक्टिस आफ इनोक्यूलेशन इन ईस्ट इण्डीज* तो वो वोल्यूम निकलवाया और पढ़ा। लम्बा लेख है। फिर साल-दो साल इसमें रहा कि ये विश्वसनीय भी है कि नहीं, आखिरकार उससे पहले का एक नोट मिल गया *द प्रैक्टिस ऑफ इनोक्यूलेशन।*

उदयन : तुर्की में अंग्रेज राजदूत की बीवी का खत है १७२० का शायद...

धर्मपाल : वो तो और बाद में मिला। लेकिन ये मिला कि कोई व्यक्ति इंग्लैण्ड से कलकत्ते आया हुआ है और वह अपने भाई को लिख रहा है। उसका भाई डॉक्टर है। उसमें ये दिया है कि यहाँ टीके लगाये जाते हैं। ये चीज़ें इसी तरह से मिलती हैं।

उदयन : १८ वीं या १७ वीं शताब्दी की टैक्नोलॉजी आदि को लेकर आपका जिस तरह का काम है, क्या अन्य किसी एशियन देश के ऐसे ही काम से आपका परिचय है? यानी किसी और ने किया हो। मसलन चीन में या जापान में।

धर्मपाल : चीन पर तो बड़ा काम यूरोप वालों ने किया है। यूरोप में चीन की प्रतिष्ठा तीनेक सौ साल से काफी ऊँची है। कम से कम भौतिक हिसाब से। डिजाइनिंग में, यूरोपीयन उद्यानों के घरों के डिजाइन, या प्रशासनिक व्यवस्था ये सब यूरोप ने सब चीन से सीखा है। कोई सन १७०० के करीब से। कम्पास, कागज आदि चीन से ही यूरोप में गया है। कैम्ब्रिज विश्वविद्यालय के एक बड़े अध्येता जोजेफ निराम हैं। उन्होंने १८-२० वॉल्यूम का *साइंस एण्ड सिविलाइजेशन इन चाइना* करके काम किया है। १९४०-४५ में काम शुरू किया था। अब शायद जाकर पूरा हुआ है या थोड़ा रह गया है। ऐसे काम तो हुए होंगे। और देशों के भी

होंगे। मुझे मालूम नहीं। भाषा की समस्या है। और अंग्रेजी के माध्यम से जानकारी तो होती है लेकिन दूसरे रास्तों से खोजने पर जो जानकारी आपको हो सकती थी वह बन्द हो जाती है क्योंकि आप इसमें फँस जाते हैं कि इन्होंने (अंग्रेजी में) सब कह ही दिया होगा, जब आप किसी बड़ी कहानी का एक संस्करण पढ़ लेते हैं तो उसके दूसरे संस्करण खोजने नहीं जाते।

रामायण को लेकर मुझसे एक सज्जन ने कहा कि कम्बन रामायण में तो राम और सीता की अच्छी-खासी लड़ाई है। बहुत तीखी है। जब सीता लंका से वापस आती है तब लड़ाई है। तब राम कहते हैं कि तुम मर क्यों नहीं गई थी, जब पैदा हुई थी और तुम्हारे लिए मैंने ये सब नहीं किया है। अपने कुल के लिए किया है। वो कह रही है कि तुम कैसे गँवार आदमी की तरह से बात कर रहे हो। बाद में मैंने कुछ अन्य लोगों से कहा तो माने नहीं कि ऐसा कुछ है, ऐसा तो हो नहीं सकता। और मैं अध्येताओं की बात कर रहा हूँ। फिर माना लेकिन यह मुश्किल होता है। इतने दिनों से एक तरह की रामायण को मान रहे हैं। एक तस्वीर सामने है। कैसे इतनी जल्दी बदल दें?

उदयन : इसी तरह अंग्रेजों द्वारा बताई गयी सभ्यताओं की जो कहानी है चीन की, हिन्दुस्तान की वो एक तरह से मन में स्थिर हो गयी है।

धर्मपाल : फिर दूसरे संस्करण खोजना बन्द कर देते हैं। अब वो कहेंगे अंग्रेजों ने लिखने में कुछ गलती की होगी। पक्षपाती बात है। लेकिन क्या पक्षपात है, ये नहीं पता चलेगा। तो वो बँध जाता है। आधुनिक विज्ञान और टेक्नोलॉजी बताता भी है और बाँधता भी जाता है क्योंकि कई विकल्प नहीं रख सकते। ये अध्ययन तो शायद हो रहे होंगे,

यहाँ भी, शायद अपने बारे में जानने के लेकिन इस पर आयें कि पाँच सौ बरस पहले तक का जो संसार है इसकी मान्यताएँ क्या हैं? कैसे चलता है? इसका राजनैतिक सिद्धान्त क्या है? आर्थिक सिद्धान्त क्या है? दर्शन क्या है? इतिहास को कैसे देखता है? पड़ोसियों को कैसे देखता है? उनके लेन-देन कैसे है? सम्पर्क कैसा है? क्या आता जाता है? हुनर क्या है?

बड़ोदरा में एक प्रोफेसर हेगड़े थे। पुरातत्वशास्त्र के आदमी थे। जिंक प्रोडक्शन जस्ता उत्पादन के बारे में कुछ कह रहे थे कि हमारे यहाँ बहुत पुराना है। उन्होंने बताया कि राजस्थान में, जयपुर से कुछ सौ मील दूर, उसका उत्पादन होता था और अंग्रेजों ने अपने यहाँ उसका उत्पादन १८ वीं शताब्दी में शुरू किया। उससे पहले यूरोप में जस्ता नहीं जानते। और उनका ये कहना था कि वहाँ जो विधि अपनायी गयी वह यहाँ की विधि की हू-ब-हू नकल है। मैंने कहा कि आपने लिखा है कहीं? उन्होंने नहीं लिखा था। मुश्किल होता है, अध्येताओं की दुनिया में इतना बड़ा विवाद छेड़ना।

अभी कुछ दिन पहले मैं इण्टरनेट पर देख रहा था तो उसमें हिन्दुस्तान के औद्योगिक उत्पादन की बात आयी तो उसमें वही लिखा था कि इंग्लैण्ड में जस्ता १८ वीं शताब्दी में आया। और यह कि राजस्थान में कुछ ऐसा था। सीधा-सीधा नहीं कहा। भले न कहा हो लेकिन यह साफ है कि वो गया यहाँ से ही। चीन इन चीजों में काफी आगे था। ये हमारी मुख्य अन्वेषणाएँ नहीं रही होगीं। इन चीज़ों को बनाते होंगे, काम चलाते होंगे, लेकिन इसका सिद्धान्तीकरण नहीं करते होंगे।

उदयन : अप्रकाशित ग्रन्थ तो दस लाख के आस-पास बताये जाते हैं। कपिला वात्स्यायन तो शायद और भी ज्यादा बताती हैं।

धर्मपाल : अप्रकाशित तो सभी हैं। चार या पाँच लाख कैटेलॉग्ड है। पिछले सौ बरसों में कैटलॉगिंग हुई है। आधे से ज़्यादा यहाँ होंगे, बाकी यूरोप और अमरीका में। उन कैटलॉग्स का सुपर कैटलॉग बनाते रहते हैं लोग। यही हमारा मुख्य काम है। फिर ये हो कि जिन ग्रन्थों का आप कैटलॉग बना रहे हैं, वे पढ़ने लायक भी हैं क्या? उनकी हालत क्या है? उनमें से ५ प्रतिशत पर काम भी होता होगा, बाकी पर नहीं होता। बात चलती है, बस बातें हैं...

उदयन : या फिर वे किसी तरह ऐसी भाषाओं में आ जाएँ कि ज्यादा लोग उनको पढ़ सकें..

धर्मपाल : उसका कुछ कर सकते थे। माइक्रोफिल्मस कर सकते थे। माइक्रोफ़िश पर करा सकते थे। वो करके किसी हिसाब से उसको हजार अध्येताओं में बाँट दें कि देखो इसमें क्या है? इसमें से निकालो, सिद्धान्त गढ़ो बहुत सारी प्राब्लम होंगी उसमें। भाषा भिन्न होगी लेकिन यह करना होगा और वो करते नहीं हैं। तमिलनाडु में सरस्वती महल लाइब्रेरी है। मराठों से पहले की है, तंजौर में। चोल समय से है। उसमें तमिल में बहुत कुछ है, मुण्डी भाषा में है। बहुत सारे रिकार्ड हैं। बहुत अच्छे कागज में हैं। लिखे भी अच्छे हैं, उनको उन्होंने दिल्ली भेजा, किसी समय, तो दिल्ली वालों ने कहा कि इसको नष्ट कर दीजिए। उन्होंने नष्ट नहीं किया, रखा है। उस समय तन्जौर में एक-दो पण्डित होते थे जो मुण्डी भाषा को पढ़ सकते थे। अब वो भी नहीं रहे। ये सब समस्याएँ हैं लेकिन लगे तो कर सकते हैं। लेकिन पहले तो यह तो मानें कि ये महत्वपूर्ण काम है और इसे होना ही है, इसके लिए कुछ काम बन्द करना पड़े तो बन्द कर दें वरना कैसे हो? यह काम साधारण क्षमता के अध्येताओं से करा लेना चाहिए था। श्रेष्ठता तो बाद में होती है। मैं

बनारस संस्कृत विश्वविद्यालय में था कुछ दिन। वहाँ कुछ पाण्डुलिपि हैं पुरानी। हजारों में हो। कुछ चोरी हो गयीं। उन्होंने वो बन्द कर दिया। लाइब्रेरी पाँच साल बन्द थी, उसमें तो वो रेकार्ड खराब ही होंगे इसका ख्याल नहीं। पहरा रखते लेकिन ये रहता कि काम करने वाले अन्दर जायेंगे काम करेंगे। लेकिन नहीं काम नहीं करना है। इसके लिए नये संस्थान बनाने की ज़रूरत नहीं पहले से स्थापित संस्थानों को काम दें कि इस पर करिए।

उदयन : इसके कारण हैं--जब किसी सभ्यता का आत्मबोध इतना क्षीण हो, कम से कम सतह पर, तो फिर दूसरे भी उस पर ध्यान न दें यह बहुत सहज ही है। जैसे सिन्धु घाटी की सभ्यता की लिखावट को समझने का मसला है हमारे मित्र फिल्मकार कुमार शाहनी कहते हैं कि नृत्य की परम्परा तो रही है पुराने समय से। इसलिए कुछ पुराने नृत्य-रूपों से कुछ मदद मिल सकती है उस लिपि को जानने में। यह सच है कि भाषाएँ भी नष्ट होती हैं, भूला दी जाती हैं लेकिन मुझे यह लगता है कि कोई भी भाषा पूरी तरह नष्ट नहीं होती। वह, जैसे रिले दौड़ में होता है एक धावक अपना बैटन दूसरे धावक को पकड़ा देता है। इसी तरह भाषाएँ नष्ट होने के पहले अपना बैटन किसी और भाषा या भंगिमा या किन्हीं रूपाकारों को पकड़ा देती है। अब सवाल यह है कि यह पता किया जाये कि जो भाषा आज समझ में नहीं आ रही है उसने अपने को समझने का बैटन किस भाषा या भंगिमा को चुपचाप पकड़ाया है। इसी रास्ते निश्चय ही सिन्धु घाटी की लिपि समझ में आ सकेगी शायद।

धर्मपाल : अपने बारे में मालूम हो। सिर्फ दूसरे देशों के बारे में नहीं। अपना क्या सन्दर्भ था जिसमें अन्य देशों से सम्बन्ध था। १५०० ईसवी के बाद की जो शिक्षा-विक्षा है या जो हम मानते हैं उसको चलने

दीजिए फिलहाल। उसको ज्यादा बदलने करने की जरूरत नहीं है। लेकिन इस काम को शुरू करिए।

फिर उसमें अपने यहाँ की जो परिभाषाएँ होंगी, शब्दों या विचारों की, वो भी निकल आयेंगी। यह पता करने की कोशिश की जाये कि किस शब्द से हम समझते क्या थे। जैसे ट्रूथ शब्द है तो उसका मतलब क्या होता था, आज से दो हजार साल पहले उसके कितने अर्थ होते थे। क्योंकि आधुनिक काल में ये जो अपना अर्थतन्त्र बना हुआ है न सारा, ये तो कुछ पुराने ग्रन्थ होंगे, उनको छापा-वापा गया होगा और मॉर्डन समय में उसकी जो व्याख्या हुई होगी, उसके आधार पर हुई होगा। और मॉडर्न अर्थ ही ज्यादा चलता होगा। उस समय क्या था, ये समझने की ज़्यादा जरूरत है। जैसे रामायण में जो बात हो रही है या महाभारत में या किसी पुराण में उसका मतलब होता क्या है? हो सकता है कुछ दूसरा दिखने लगे। उसमें थोड़ा लौटना पड़ेगा। आज के भ्रम में से निकलकर हमारा मन उसमें जाये। उसे और करीब से हम देखेंगे तो कुछ न कुछ सुधार हम करते चलेंगे। हम ऐसे देखते थे लेकिन श्रीलंका वाले ऐसे देखते थे या बर्मा वाले ऐसे देखते थे। क्योंकि अलेक्जेण्डर कैसे देखता था, ये तो महत्वपूर्ण नहीं है। हमारा कोई सम्बन्ध नहीं है उससे। आया, नहीं आया उसको छोड़िए। या वो स्ट्राबो क्या कहता है या हेरोडाइटस क्या कहता है? वे तो आये नहीं यहाँ। उनका कुछ सामान आ गया हो। थोड़ा-बहुत हमारा चला गया हो तो उससे कुछ नहीं होता। क्योंकि कोई सीधा तो रास्ता ही नहीं है जाने-आने का। ये तो ऐसे ही अन्दाज़े हैं। भारतीय समुद्र की जल-यात्राओं का तो यूरोप से कोई सम्बन्ध नहीं है। ये तो पन्द्रह सौ के बाद सम्बन्ध हुआ, उससे पहले कोई सम्बन्ध नहीं था। ये अरब यात्री या तुर्क यात्री या हमारे यात्री जितना सामान ले जाते होंगे तो ले जाते होंगे। ये तो अंग्रेजों का बनाया हुआ मॉडल है क्योंकि उन्हें

तो हमें अपने से सम्बन्धित बताना करना है तो उन्होंने जैसे सम्बन्ध होता है वैसे कर दिया। क्योंकि कुछ रिश्ता बनाना पड़ता है। सम्प्रभुता स्थापित करने में भी।

मैक्समूलर से ब्रितानी प्रधानमन्त्री ग्लैडस्टोन ने १८७० ईसवी के करीब पूछा कि क्या कर रहे हो। तो उन्होंने ग्लैडस्टोन को चिट्ठी लिखी कि जो लोग ईसा से २००० साल पहले हमसे बिछुड़ गये थे, उन्हें मैं ईसा के दो हजार बरस बाद इकट्ठा ला रहा हूँ। बस आधार-तर्क तैयार हो गया। अब वे इकट्ठा होते हों या न होते हो, आपको तो करना ही है।

●●●